예수님이 이끄시는 삶

위 책은 포이에마에서 《내 삶의 주인이신 그리스도》로 번역 출간하였습니다.

예수님이 이끄시는 삶

지은이 | 박신일
초판 발행 | 2019. 3. 26.
5쇄 | 2024. 6. 26.
등록번호 | 제1988-000080호
등록된 곳 | 서울특별시 용산구 서빙고로65길 38
발행처 | 사단법인 두란노서원
영업부 | 2078-3333   FAX 080-749-3705
출판부 | 2078-3331

책 값은 뒤표지에 있습니다.
ISBN 978-89-531-3368-6   03230

독자의 의견을 기다립니다.
tpress@duranno.com   http://www.duranno.com

두란노서원은 바울 사도가 3차 전도여행 때 에베소에서 성령 받은 제자들을 따로 세워 하나님의 말씀으로 양육하던 장소입니다. 사도행전 19장 8-20절의 정신에 따라 첫째 목회자를 돕는 사역과 평신도를 훈련시키는 사역, 둘째 세계선교(TIM)와 문서선교(단행본·잡지) 사역, 셋째 예수문화 및 경배와 찬양 사역, 그리고 가정·상담 사역 등을 감당하고 있습니다. 1980년 12월 22일에 창립된 두란노서원은 주님 오실 때까지 이 사역들을 계속할 것입니다.

평생 제자로 사는
위대한 여정!

예수님이 이끄시는 삶

박신일 지음

Through Christ
On Christ
In Christ
Under Christ
With Christ
Unto Christ
For Christ
Like Christ

두란노

예수를 만나면 그리스도인이 된다.
하나님과 함께 시작하는 그리스도인의 삶은 한 편의 드라마다.
왜냐하면 삶의 현실은 동일한데
그 안에 하나님의 도우심과 은혜가 드러나기 시작하기 때문이다.
우리가 미처 몰랐던 경이로움이
하나님과의 동행 안에 감추어져 있기 때문이다.
그래서 그리스도인의 삶에는 순종이 필요하고
그 길에는 하나님이 이끄시는 모험이 준비되어 있다.

제럴드 싯처, 《제자 캐스팅》(The Adventure , 넥서스 역간)

목차

서른 살 즈음에 한 목회자로서 존 스토트(John R. W. Stott) 목사님의 책을 접했던 것은 영적인 좋은 스승을 만난 큰 기쁨이었습니다. 말씀의 깊이를 풀어 주는 영국 저자들의 책을 선호하던 저에게 그분의 책들은 복음주의 신학과 목회를 연결해 주는 징검다리가 되었습니다.

가장 마음이 끌렸던 것은 그분의 책 속에 담긴 견실한 복음주의 신학이었습니다. 깔끔하게 정리된 복음과 신학적 균형은 언제나 믿고 읽을 수 있게 하는 중요한 요인이 되었습니다. 특별히 존 스토트 목사님의 성경을 풀어 가는 방법론, 즉 이 세상의 문제들과 고통에 대한 답변으로써 하나님의 말씀을 바라보는 그 관점은 저에게 말씀을 대하는 새로운 눈을 열어 주었습니다. 세상의 질문에 대한 모든 답변의 중심에는 언제나 예수 그리스도의 복음이 있었습니다.

그분이 한국에 오셔서 강의할 때 나누어 주셨던 한 표현이 아직도 제 마음속에 남아 있습니다. 그것은 '이중적 귀 기울임'(Double Listening)입니다. 그리스도인은 하나님의 음성에 한 귀를 기울여야 하고 또한 이 세상의 문제와 신음 소리에 한 귀를 기울여야 한다는 것입니다. 이때에 비로소 하나님의 말씀은 한 사람에게 능력의 말씀이 될 것이기 때문입니다.

　존 스토트 목사님의 책 중에 교회에서 꼭 함께 공부하고 싶었던 책 중의 한 권이 《내 삶의 주인이신 그리스도》(Life in Christ, 포이에마 역간)입니다. 전치사 8개로 예수 그리스도와 신앙인의 관계를 설명하며, 구원의 의미와 삶을 연결해 주는 탁월한 책입니다. 현대를 사는 그리스도인에게 중요한 책이라 생각되어 그 책의 틀을 기초로 해서 신앙서적으로 읽을 수 있고, 또한 교회의 소그룹에서 활용할 수 있는 성경공부 교재를 만들게 되었습니다. 이 책을 통해 우리가 받은 구원의 삶이 능력이 되어 세상에서 그리스도인답게 살아가는 은혜가 있기를 기도합니다.

2019년 3월

박신일

예수삶이란

예수신앙 信仰, Through Christ　　간격을 잇는 유일한 다리

예수반석 盤石, On Christ　　가장 안전한 토대

예수내주 內住, In Christ　　인격적인 관계

예수주권 主權, Under Christ　　가장 자유로운 구속

예수동행 同行, With Christ　　위대한 파트너

예수목적 目的, Unto Christ　　매우 분명한 목적

예수전부 全部, For Christ　　세상 최고의 동기

예수닮기 性品, Like Christ　　아름다운 닮은꼴

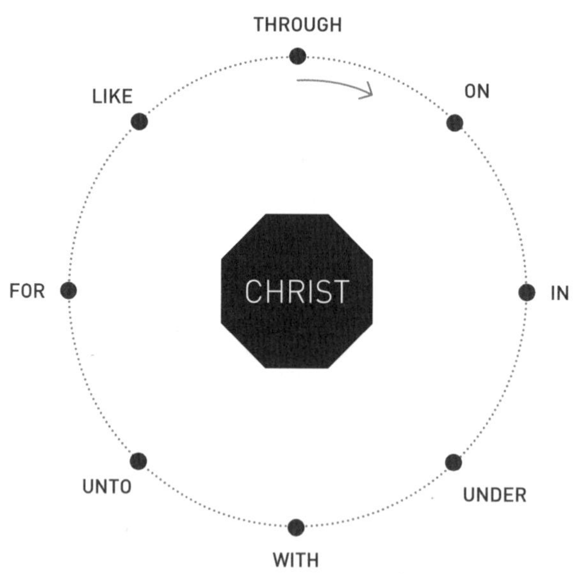

예수삶이란

평생
제자 양육 위대한 여정; The Journey, 平生弟子

우리 모두는 이 땅에서 천성을 향한 여정 중에 있습니다. 하나님은 그 도상에서 우리를 평생토록 빚어 가십니다. 말씀 훈련뿐만 아니라 인생 전체가 제자훈련의 현장입니다. 그래서 우리는 교회와 삶의 현장 모든 곳에서 예수님을 따르는 평생 제자입니다. 우리 삶의 여정이 끝나는 날까지 우리는 예수님을 닮아가는 삶을 살아야 합니다. 그리고 그것은 우리가 예수님이 이끄시는 삶을 살아갈 때 이루어질 수 있습니다.

예수님이
이끄시는 삶 '예수삶'

예수님이 이끄시는 삶은 믿음으로 사는 삶입니다. 여러분은 '예수님이 이끄시는 삶' 과정을 통해서 믿음으로 사는 삶의 진정한 의미를 발견하게 될 것입니다. 사람마다 예수님을 믿게 된 배경은 다릅니다. 어떤 사람은 고난 중에 기도하다가, 어떤 사람은 성경공부를 통해, 어떤 사람은 말씀 묵상(큐티) 중에, 어떤 사람은 찬양을 듣다가, 어떤 사람은 병에서 치유를 받고 믿음을 갖게 됩니다. 심지어는 계시를 통해 믿게 된 사람도 있습니다. 그런데 이 단편적인 경험이 신앙의 전부가 되어 버리면 그것을 중심으로 기독교 신앙 전체를 보게 됩니다. 그것이 잘못된 것은 아니지만 어느 한 부분이 기독교 신앙의 전부라고 말할 수는 없습니다. '예수삶' 과정은 예수님을 믿는다는 것의 전체적인 그림을 보여줌으로써 그 총체적인 의미를 배우는 것입니다. 그럴 때 우리는 그리스도의 성숙한 제자로 자랄 수 있습니다.

고린도후서 13장 5절에서는 우리가 믿음 안에 있는지 우리 자신을 시험하고 확증하라고 합니다. 여기서 믿음은 예수 그리스도를 믿는 믿음입니다. 머리로만 예수님을 믿는 것이 아니라 예수님을 내 마음에 진정으로 모시고, 오직 예수님께 속한 삶을 사는 것이 그리스도인의 신앙의 길입니다.

예수님이 이끄시는 삶('예수삶')의 목적은 우리가 예수님의 사람이 되는 것입니다. 예수님의 사람이란 속사람이 예수님으로 채워지는 것이며, 예수님의 'DNA'를 가지고 이 땅을 살아가는 사람입니다. 이번 '예수삶'을 통해서 우리는 예수를 믿는다는 것이 무엇인지를 8가지의 영어 전치사를 통해 그 깊은 의미를 배우게 될 것입니다. '예수삶'을 통해서 우리가 예수 그리스도의 사람으로 더 풍성히 빚어져 가는 주님의 은혜가 있기를 소원합니다.

예수님과 나의 관계를 생각할 때
8가지 전치사 중에서
내가 가장 강한 것 두 가지와 약한 것 두 가지를
선택해 보세요.

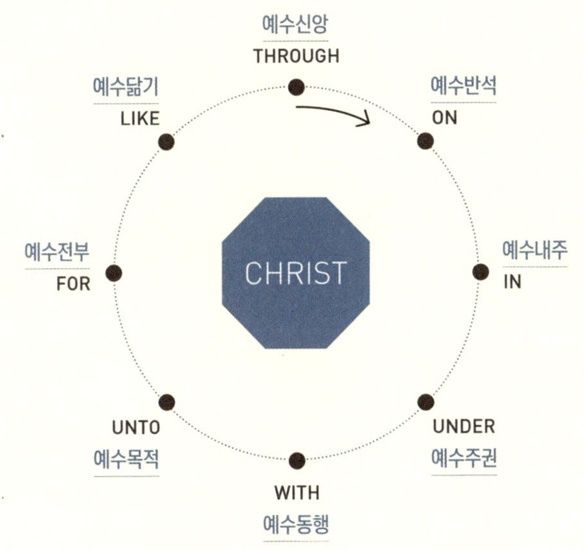

제1장

예수신앙 信仰, Through Christ

우리가 예수님을 영접할 때 우리에게는
새로운 과거, 현재, 미래가 주어집니다.
예수 그리스도를 통해서(Through Christ) 우
리의 과거와 현재와 미래는 어떻게 변화
되는지 생각해 보세요.

'예수신앙'(Through Christ)은 첫째, 오직 예수 그리스도를 통해서만 우리가 하나님의 자녀가 될 수 있음을 믿는 것이며 둘째, 예수님은 지금도 나의 통치자이시고 말씀으로 인도하는 분이시며 중보자이심을 믿고 예수님께 간구하는 삶을 사는 믿음의 현재성을 누리는 것입니다.

곧, '예수신앙'은 믿음의 출생을 의미하며 동시에 현재 살아 있는 신앙을 가리킵니다.

얼마 전까지 세계에서 가장 긴 다리(bridge)는 루이지애나에 있는 다리로 그 길이가 37km였습니다. 하지만 최근에 중국 베이징에서 상하이로 가는 길에 다리가 완공되었는데, 그 길이는 무려 165km에 달합니다. 다리는 갈 수 없는 두 곳을 연결해 줍니다. 마찬가지로 우리는 구원의 다리 없이는 절대로 하나님께로 나아갈 수 없습니다.

1. 로마서 3장 21-24절을 읽어 보세요. 하나님과 사람 사이의 거리는 얼마나 떨어져 있나요? 예수님이 오시기 전에는 무엇으로 하나님께

나아가려고 했나요? 하나님께 도달할 수 있었나요? 이제 우리가 의롭다 하심을 얻고 하나님께 나아갈 수 있는 것은 무엇 때문인가요?

2. 요한복음 14장 6절과 사도행전 4장 12절을 읽어 보세요. 구원은 오직 누구 때문에 받을 수 있나요? 우리의 구원의 다리는 누구인가요?

성경은 예수님 외에는 하나님께로 가는 다른 길(way)이 없다고 명확히 말합니다.[2] 예수 그리스도를 믿는다는 것은 바로 예수님이 우리의 유일한 구세주이심을 믿는 것입니다. 당신에게 예수님은 어떤 분이십니까? 이 질문은 우리의 인생에서 매우 중요합니다. 예수님은 당신에게 유일한 구원의 다리가 되십니까?

— '예수신앙'에서 믿음은 현재형입니다.
예수님은 우리에게 유일한 구원의 다리가 되어 주셨습니다. 이것이 '예수신앙'의 시작입니다. 우리는 오직 예수 그리스도를 통해서만 거듭난 하나님의 자녀가 될 수 있습니다. 그런데 '예수신앙'은 여기서 멈추지 않습니다. 예수님이 이 땅에서 사역하실 때, 제자들에게 "너희는 나를 누구라고 하느냐"고 물으신 적이 있었습니다.

3. 마태복음 16장 16-17절을 읽어 보세요. 베드로는 예수님을 누구라고 고백합니까? 예수님은 왜 베드로의 고백을 칭찬하셨을까요? 베드로의 고백은 오늘날 우리와 어떤 관계가 있나요?

베드로는 예수님에게 "주는 그리스도시요 살아 계신 하나님의 아들이시니이다"(마 16:16)라고 고백했습니다. '그리스도'(Christ)라는 말은 헬라어로서, 히브리어의 '메시아'(Messiah)라는 단어와 그 의미가 같다고 볼 수 있습니다. 메시아는 '기름부음을 받은 자'라는 의미인데 구약 시대에는 왕, 선지자, 제사장에게 기름을 부어 특별한 사명을 부여하였습니다. 곧 예수님을 그리스도라고 고백하는 것은 예수님을 나의 왕(나를 다스리시는 분), 나의 선지자(나를 이끄시는 말씀), 그리고 나의 제사장(중보하시는 구세주)으로 인정하는 것입니다. 이는 믿음의 현재성과 관련이 있습니다.

우리가 그리스도라는 말의 온전한 의미를 다 누리고 살 때 '예수신앙'으로 사는 것입니다. 예수님은 그저 과거에 나를 구원해 주신 구세주일 뿐일까요? 아니면 오늘 나를 통치하시는 왕도 되십니까? 예수님은 오늘도 나를 말씀으로 인도하시는 분입니까?

‘예수신앙’은 과거에 구원받은 사실에만 머물러 있는 것이 아니라 현재와 장래의 삶도 계속 믿음으로 사는 것을 말합니다.

4. 요한복음 11장 1-44절을 읽어 보세요. 마르다와 마리아는 나사로가 아프게 되자 예수님에게 무엇을 요청하나요? 그리고 예수님은 어떻게 반응하셨나요?

마르다와 마리아는 신앙적으로 예수님과 살아 있는 관계 속에 있었습니다. 그래서 오빠인 나사로가 병이 들자 그들이 제일 먼저 찾았던 분은 바로 예수님이었습니다. 예수님도 마르다, 마리아, 나사로 모두를 사랑하셨습니다. 그런데 성경을 보면 나사로가 위독할 때 예수님은 그에게 가지 않으셨고, 결국 나사로는 죽어서 무덤에 놓이게 됩니다.

5. 나사로가 죽은 후 예수님은 그의 무덤에 도착하셨습니다. 이때, 예수님은 요한복음 11장 39-40절에서 모두를 당황하게 하는 행동을 하십니다. 바로 나사로 무덤의 돌을 옮겨 놓으라고 명하신 것입니다. 이때 마르다의 반응은 어떠했나요? 마리아의 반응은 어떠했나요?

마르다와 마리아는 예수님을 믿었지만, 오라비의 죽음 앞에서 그들의 믿음은 죽은 것처럼 보였고 오히려 예수님을 원망하는 태도를 보였습니다. 예수님이 오셨지만, 그분을 만났지만, 그들은 예수님을 아무것도 할 수 없는 자처럼 여겼습니다. 그들에게는 죽음이란 상황은 살아 있고, 살아 계신 주님에 대한 믿음은 죽은 것처럼 보입니다. 하지만 우리는 잊지 말아야 합니다. 우리의 믿음이 죽었어도 주님이 죽으신 것은 아닙니다. 주님은 살아 계십니다!

6. 예수님은 마침내 나사로를 다시 살리십니다. 요한복음 11장 45절을 읽어 보세요. 나사로가 살아난 결과로 어떤 일이 일어났나요?

----

7. 나사로가 살아난 것을 보면서 마리아와 마르다의 믿음에는 어떤 변화가 있었을까요?

예수님은 나사로만 살리신 것이 아닙니다. 예수님은 죽은 것 같았던 마르다와 마리아의 믿음도 살려 주셨습니다. 믿음의 현재성은 우리가 기도할 때 일하시는 하나님을 믿는 것입니다. 아

무 일도 일어날 것 같지 않아서 기도하지 않는 것은 불신앙이며, 그렇다고 기도하면서 나사로가 살아날 것만을 요구하는 것은 어린아이의 신앙입니다.

예수님은 우리의 그리스도이십니다. 비록 우리가 원하는 결과가 아니어도 우리가 기도하는 순간 우리를 통치하시며, 말씀하시며, 중보하시는 예수님은 사랑으로 일하시기 시작합니다. 믿음의 현재성은 매일의 삶 속에서 기적만이 아니라 하나님을 신뢰하고 그분의 사랑을 구하는 삶을 사는 것입니다. 우리가 기도할 때 일하시는 하나님을 믿는 것입니다. 예수님은 우리의 구원의 다리(bridge)이며 또한 믿음의 다리(bridge)이십니다. 그리고 예수님은 과거에도 현재에도 그리고 미래에도 우리의 그리스도가 되십니다.

8. 로마서 8장 16-18절 말씀을 읽어 보세요. 이 말씀에서 서로 비교하고 있는 두 가지는 무엇입니까? 사도 바울은 이 둘 중에 무엇을 더 강조합니까? 여러분의 삶은 이 둘 중에 무엇을 더 중요시합니까?

'예수신앙'은 과거에만 있는 것이 아니라 현재의 믿음 그리고 장래의 믿음과 하나로 연결되어 있습니다. 우리기 장차 그리스도 때문에 누리게 될 영광의 크기를 생각할 때, 우리는 현재

의 고난을 이겨낼 수 있습니다. 마틴 루터 킹 목사님이, 천국에서 사람이 피부색으로 평가받지 않고 인격으로 평가받게 될 영광의 날을 꿈꾸며 고난을 견디어 냈듯이, 우리에게 가장 필요한 것은 어떠한 환경에서도 장차 천국에서 누릴 영광의 크기를 바라보는 믿음을 갖는 것입니다. 믿는 자는 하나님의 영광을 볼 것입니다.

예수님은 우리의 유일한 구원자가 되시며,
오늘도 우리를 통치하시는 왕이시며,
말씀으로 인도하시는 분이시며,
늘 우리를 위해 중보하시는 주님Lord이십니다.

당신은 언제 예수님을 믿었습니까? 그러면 지금 당신은 하나님의 자녀가 된 현실을 누리고 있습니까? 오늘도 그분의 역사를 경험하고 있습니까? 아니면 혹시 신앙생활이 냉랭한 종교 생활로 전락하지는 않았습니까? 우리는 예수 그리스도를 통해서 하나님의 자녀가 되는 축복을 받았습니다. 하지만 중요한 것은, 현재 우리가 주님의 자녀된 축복을 누리고 있는지 곰곰이 생각해 보아야 합니다. '예수신앙'은 살아 있는 것입니다. 그리스도를 통하여 하나님 아버지의 사랑을 오늘 누리는 것입니다. 예수님은 우리에게 구원의 다리일 뿐만 아니라 현재 나의 믿음의 다리, 중보의 다리, 은혜의 다리도 되십니다.

1. 예수님은 당신의 유일한 구원자이십니까?

2. 지금 당신 앞에, 당신의 가정 앞에, 믿음을 가로막고 있는 큰 돌이 있습니까? 이 어려움이 해결되지 않기 때문에 마치 믿음 없는 자처럼 살고 있지는 않습니까? 마치 하나님이 없는 것처럼 느껴집니까? '예수신앙'은 이러한 나의 사정을 믿음으로 주님께 아뢰는 것입니다. 우리가 기도하는 순간 하나님의 사랑은 역사하기 시작합니다. 왜냐하면 예수님이 우리의 중보자가 되시기 때문입니다. 오늘 주님께 올려 드릴 문제가 있습니까? 당신의 문제를 오늘 주님께 내어 드리지 않겠습니까?

3. 믿음의 현재성은 기적만을 구하는 삶이 아닙니다. 믿음의 현재성은 하나님과 그분의 사랑을 구하는 삶입니다. 다음의 표는 기적만을 구하는 삶과 하나님의 사랑을 구하는 삶을 대조해서 보여 줍니다. 두

삶은 목적과 결과가 전혀 다른 삶입니다.

	기적을 구하는 삶	하나님의 사랑을 구하는 삶
목적	기적이 필요한 삶	구원이 필요한 삶
추구	자신의 뜻을 구하는 삶	하나님의 뜻을 받아들이는 삶
결과	기적이 일어나지 않으면 믿음의 현재성을 상실	기적이 일어나지 않아도 하나님의 사랑을 체험하며 믿음의 현재성을 유지

위의 표를 볼 때 당신은 기적을 구하는 사람입니까, 아니면 어떠한 상황에서도 하나님과 그 사랑을 구하는 사람입니까? 이것이 우리의 믿음 생활에 왜 중요하다고 생각하십니까? 기적을 구하면 상황에 따라 믿음이 흔들릴 수 있지만 하나님을 사랑하면 모든 상황을 하나님을 믿는 믿음 안에서 볼 수 있기 때문입니다.

　　예수님은 나의 그리스도이십니다. 내 인생과 가정의 큰 돌을 주님께 맡깁니다. 도와주십시오. 나를 사랑하시는 예수 그리스도를 믿는 믿음을 오늘도 주옵소서. 그리스도를 통해 구원받은 것에만 믿음이 머무르지 않게 하시고 오늘도 나의 그리스도를 체험하게 하옵소서. 예수님의 이름으로 기도합니다. 아멘.

◇◇◇◇◇

"시몬 베드로가 대답하여 이르되 주는 그리스도시요

살아 계신 하나님의 아들이시니이다"

마 16:16

제2장

예수반석 盤石, On Christ

예수님을 믿는다는 것은 인생의 가치 기준을 예수님께 두고 사는 것입니다. 여러분이 어떤 일을 결정할 때 가장 먼저 생각하는 선택의 기준은 무엇인가요? 그 선택의 기준이 예수님의 말씀과 충돌했던 적이 있었나요? 그럴 경우에는 어떻게 결정했나요?

‘예수반석’(On Christ)은 예수님을 우리 인생의 기초(foundation)로 삼는 삶을 말합니다. 우리의 반석 되신 예수님은 우리가 평생 의지할 분이시며, 우리 모든 가치의 기준이 되시는 분입니다. 우리는 예수님만 의지하며 살 때 진정한 안정감(stability)을 누리고, 예수 중심의 가치관으로 살 때 거룩한 분별력, 곧 지혜를 가지고 살게 됩니다.

— ‘예수반석’은 우리가 온전히 예수님만 의지하는 것을 말합니다.

존 페이턴(John Gibson Paton, 1824-1907) 선교사는 아니와(Aniwa)라는 섬에서 15년간 선교 활동을 하면서 요한복음을 번역했습니다. 페이턴이 요한복음 1장 12절 “영접하는 자 곧 그 이름을 믿는 자들에게는 하나님의 자녀가 되는 권세를 주셨으니”라는 구절을 번역하고 있을 때, 그는 ‘믿는다’라는 단어가 아니와 섬 사람들의 언어에는 없다는 사실을 발견했습니다. 그러던 어느 날 페이턴은 자기 사무실에서 발을 바닥에서 떼고 의자에 온전히 기대앉아 있었습니다. 그때 한 원주민이 사무실에 들어와 그렇게 앉아 있는 페이턴의 모습을 보고 자기들의 언어로 그 모습을 묘사했습니다. 페이턴은 이때 들은 단

곧 이 섬사람들에게 예수님을 믿는다는 것은 내 몸 전체로 예수님을 의지한다는 의미가 되었습니다. 신앙생활을 한다는 것은 평생토록 예수님을 의지하는 연습을 하는 것입니다. 여러분에게 예수님은 평생 의지할 분이십니까?

1. 마태복음 7장 24-27절을 읽어 보세요. 여기에는 두 종류의 집이 나오는데 그 기초가 서로 다릅니다. 두 집의 기초는 각각 무엇인가요?

2. 기초가 다른 이 두 집을 우리가 방문한다면, 외형적으로는 다른 점을 못 찾아낼 수도 있습니다. 두 집 다 외관은 비슷하게 지어졌기 때문입니다. 단지 유일한 차이는 기초였습니다. 그런데 이 두 집에 무슨 일이 일어나나요? 그 결과 두 집은 각각 어떻게 되었나요?

3. 본문에서 예수님은 반석 위에 집을 짓는 사람과 모래 위에 집을 짓는 사람이 각각 어떤 사람이라고 말씀하시나요?

마태복음 7장 24-27절을 보면 한 집은 반석 위에 지어졌고, 다른 한 집은 모래 위에 지어졌습니다. 아마도 각 집에 입주한 사람들은 똑같이 좋은 집이라고 생각했을 것입니다. 그런데 폭풍이 몰아치자 모래 위에 지은 집은 무너졌고, 반석 위에 지은 집은 무사히 남았습니다. 마찬가지로 우리 인생에도 고난이 올 때, 나의 신앙의 집이 반석 위에 있는지 모래 위에 있는지 알게 됩니다. 곧 나는 온전히 예수님을 의지하는 사람인지 아니면 예수님 아닌 다른 것을 의지하는 사람인지가 드러나게 됩니다.

피터 야네브(Peter Yanev)의 *Peace of Mind in Earthquake Country* (지진의 나라에서 평안한 마음)를 보면 1906년 샌프란시스코 지진 당시 암석으로 된 언덕 위에 세워진 집들은 별다른 피해 없이 지진을 잘 견뎌 냈지만, 기초가 약한 매립지 위에 지어진 집과 단층 지대에 지어진 집들은 큰 피해를 입었다고 합니다.[2]

인생도 기초가 다르면 미래가 달라집니다. 하나님의 말씀을 신뢰하며 행하는 자가 예수 그리스도를 인생의 기초로 삼는 사람이며 또한 온전히 예수님만을 의지하는 사람입니다.

— 예수 그리스도는 우리가 고난 중에 의지할 분이십니다.

인생을 살다 보면 염려하고 근심할 때가 있습니다. 특별히 우리에게 고난이 닥칠 때, 우리는 두려움 속에 살기도 합니다. 그러나 신앙의 여정에서 고난은, 우리 믿음의 실체를 보여줄 뿐 아니라 우리로 하여금 믿음의 장성한 분량까지 성장하도록 훈련하는 하나님의 학교가 됩니다. 훌륭한 선장은 고난의 바다에서 길러진다고 합니다. 찬송가 488장 '이 몸의 소망 무언가'는 우리가 고난 중에 있을 때 무엇을 해야 하는지 알려 줍니다. "주 나의 반석이시니 그 위에 내가 서리라 그 위에 내가 서리라"(On Christ the solid rock I stand; All other ground is sinking sand). 고난 가운데서 하나님을 의지하며 든든히 서는 법을 배울 때 우리는 '예수반석'의 신앙으로 살아가게 됩니다.

4. 에베소서 4장 14-15절을 읽어 보세요. 성경은 유혹에 요동케 되는 자들을 어린아이와 같은(Childish) 신앙에 비유하고 있습니다. 우리를 요동케 하는 것들은 무엇입니까?

---

5. 마가복음 4장 35-40절을 읽어 보세요. 제자들은 예수님과 함께 배를 타고 이동 중이었습니다. 무슨 일이 일어나고 있습니까? 예수님과 제자들은 각각 무엇을 하고 있습니까?

---

6. 제자들이 처음 출발할 때는 평안했습니다. 그들이 의지하는 것은 그

들이 타고 있던 배 자체였는지 모릅니다. 그러나 풍랑이 일어나자 두려워합니다. 그때 제자들이 취한 행동은 무엇입니까?

누가 누구를 깨운 것입니까? 우리가 보기에는 제자들이 예수님을 깨웠습니다. 하지만, 영적인 의미로는 예수님이 풍랑을 통해서 제자들을 깨우고 있는 것입니다. 예수님이 함께 계심에도 불구하고 주님을 의지하지 않는 우리의 잠자는 믿음을 깨우시는 것입니다. 육신으로는 예수님이 주무시는 것 같지만, 영적으로는 제자들의 믿음이 잠자고 있던 것입니다.

제자들이 탄 배는 우리가 이 세상에서 의지하고 싶은 돈일 수도 있고 성공일 수도 있고 죄악된 야망일 수도 있습니다. '예수반석'(On Christ)은 예수님을 우리가 가장 의지할 분으로 모시고 사는 것입니다. 곧, 예수님을 우리의 모든 판단과 가치 기준으로 삼고 살아가는 것입니다.

7. 마가복음 4장 35-40절을 보면 예수님께서 광풍을 꾸짖어 잠잠케 하시는 장면이 나옵니다. 그리고 나서 예수님은 제자들에게 뭐라고 말씀하셨나요?

풍랑 가운데서 예수님이 제자들에게 바라셨던 것은 믿음이었습니다. 그 믿음은 바로 예수님을 의지하는 삶입니다. 우리가 예수님을 의지하며 고난을 통과할 때 우리의 신앙은 성숙해집니다. 반면에, 주님을 의지하지 않으면서 의지하는 척하는 '기술'만 배우면 위험합니다. 주님을 온전히 신뢰하지 못하는 연약함을 주님께 고백하면서 주님의 도움을 구할 때, 우리는 진정으로 주님을 더 깊이 의지하는 자녀가 됩니다.

실수가 많았던 베드로의 고백을 기억하십시오. "주는 그리스도시요 살아 계신 하나님의 아들이시니이다"(마 16:16)라고 연약한 베드로가 믿음의 고백을 할 때 예수님은 이렇게 말씀하십니다. "또 내가 네게 이르노니 너는 베드로라 내가 이 반석 위에 내 교회를 세우리니 음부의 권세가 이기지 못하리라"(마 16:18). 여기서 반석은 예수를 믿는 믿음 또는 예수님 그 자체를 말합니다. 우리는 연약하지만, 우리가 예수님 위에 서 있으면 음부의 권세가 우리를 이기지 못합니다. 매일의 삶 속에서 믿음으로 사는 연습이 필요합니다.

— '예수반석'은 예수 그리스도가 우리의 가치 기준이 되는 것입니다.

제가 강원도에서 목회할 때 터미널 근처에서 작은 슈퍼마켓을 운영하던 사람이 있었습니다. 이 가게에는 해마다 두세 차례, 술 취한 손님이 와서는 술김에 물건 값보다 훨씬 많은 돈을

내고 물건을 사는 경우가 있었습니다. 이 사람은 한때 이것을
주님이 주시는 보너스로 생각하고 받아 챙겼습니다. 그런데 성
경공부를 시작한 지 얼마 되지 않아, 역시나 술이 거나하게 취
한 남자 손님이 새우깡 한 봉지를 사면서 만 원을 내고 갔습니
다. 그러자 얼른 뒤쫓아 가서 손님의 옷주머니에 거스름돈을 넣
어 주었습니다. 왜 이 사람이 이번에는 거스름돈을 돌려 주었을
까요? 바로 예수님을 자신의 가치관의 중심으로 삼았기 때문입
니다.

8. 열왕기하 5장 15-27절을 읽어 보세요. 게하시는 무엇을 구했나요?
(20절) 그의 가치관의 중심에는 무엇이 있었다고 생각하나요? 게하
시는 원하는 것을 얻었지만, 그 결과는 어떠했나요? (27절)

게하시의 행동을 사업에 비유해서 말한다면, 그는 돈을 벌
기 위해 비참한 거짓말을 한 것입니다. 그리고 그럴 수 있었던
배경에는 바로 '돈'(money), 즉 재물이 게하시의 가치관의 중심
에 있었기 때문입니다. 신앙적으로 말하면, 게하시는 돈과 재물
을 위해서 하나님을 버린 삶을 산 것입니다. '돈'의 유혹 앞에 설
때, 우리는 우리 믿음의 집이 반석 위에 있는지 아니면 모래 위
에 있는지 알게 됩니다. 곧 나의 가치 중심에 예수님이 있는지,

돈이 있는지가 드러납니다.

9. 마가복음 10장 35-37절 말씀을 읽어 보세요. 두 제자가 예수님께
부탁한 것은 무엇입니까?

부(wealth)와 명예(reputation)는 세상 가치관의 중심에 있습니다. 야고보와 요한(또는 그들의 어머니, 마 20장)도 사역을 하면서 명예와 자리(position)를 구하는 마음이 있었던 것 같습니다. 아마도 이 두 제자의 가치관의 중심에 명예가 자리잡고 있었던 것은 아닐까요? 세상의 가치(value)는 우리의 가치관(worldview) 형성에 영향을 미치려 합니다. 그것은 곧 우리 판단의 근거가 되는 가치(value)가 되려는 것입니다. '예수반석'의 신앙은 이런 환경 속에서 오직 예수 그리스도를 우리 가치의 중심에 두는 삶을 말합니다.

— 당신은 예수 그리스도를 모든 가치의 기준으로 삼고 있습니까?

같은 그리스도인의 삶이라도 주님을 의지하는 정도에 차이가 있을 수 있습니다. 이것은, 우리가 가치의 기준을 얼마나 예수 그리스도께 두느냐에 따라 예수님과 동행하는 삶의 분량이 달라지기 때문입니다. '예수반석'의 신앙은 우리가 어떤 결정을 내릴 때 그 가치의 기준을 예수님으로 삼는 것입니다.

10. 빌립보서 3장 7-9절 말씀을 읽어 보세요. 여기서 바울이 '배설물'
    이라고 표현한 것들은 무엇인가요? 왜 바울은 그것들을 '배설물'에
    비유했을까요?

바울은 비교법을 사용하고 있습니다. 세상의 명예나 돈도 물
론 소중할 수 있지만 예수님에 비하면 그것들은 아무 가치 없는
배설물에 불과하다는 것입니다. 또한 바울은 세상 것을 탐하는
욕심 자체도 배설물로 여기라고 말합니다. 이 세상에서 잠시 즐
거움(pleasure)을 주는 것들은, 예수 그리스도를 아는 지식과 그분
안에 있는 참기쁨(joy)에 비하면, 그저 '배설물'에 불과하다는 것
입니다.

이러한 바울의 믿음은 우리의 삶에 변화를 요구합니다. 특별
히 우리의 가치 기준에 대해 변화를 요구합니다. 어떤 일을 결정
하는 데 있어서 가장 중요한 기준이 예수님인가 아니면 내 이름
인가? 하나님의 영광이 가장 중요한가 아니면 내 영광이 더 중
요한가? 사업을 할 때도 돈을 따라 결정하는가 아니면 주님이
기뻐하시는 것을 따라 결정하는가? 돈 때문에, 명예 때문에 신
앙을 버리고 세상과 똑같이 사는 그리스도인은 '배설물'을 자신
의 가치 기준으로 삼고 사는 것과 같습니다. 예수님이 모든 가치
의 기준이 된다면 세상의 것이 있든 없든 개의치 않고, 하나님을

위해 살아가는 참된 믿음, 곧 '예수반석'의 신앙을 갖게 됩니다.

— 어떻게 하면 예수님이 내 삶의 모든 가치의 기준이 될 수 있습니까?

11. 빌립보서 3장 12-14절, 고린도후서 10장 4-5절, 갈라디아서 5장 24절을 읽어 보세요. 어떻게 하면 예수 그리스도를 우리 가치관의 중심에 모실 수 있나요?

'예수반석'의 신앙은 예수님 외의 것을 '배설물'로 여기며, 예수 그리스도로 충만한 삶을 살려고 애쓰는 순례자의 삶입니다. 순례자의 길은 완전한 길이 아닙니다. 넘어지더라도 다시 일어나서 한결같이 걸어가는 믿음의 길입니다. 바울은 디모데후서에서 이것을 자신이 평생토록 싸워 온 믿음의 선한 싸움이라고 고백합니다. 이것은 마치 매일 우리의 마루와 안방을 청소하는 것과 같은 일입니다. 우리는 신앙의 길을 똑바로 가기 위해서 믿음의 선한 싸움을 싸워야 합니다. 이런 삶을 살 때 성령께서 도우십니다.

12. 이사야서 10장 27절을 읽어 보세요. 무엇이 멍에를 부러뜨리나요?

우리가 주님을 의지하고 날마다 믿음의 선한 싸움을 싸우며 예수 그리스도의 가치로 살고자 노력할 때, 성령의 기름 부으심 (because of the anointing, KJV)으로 우리의 무거운 짐이 벗겨지고 우리 목에 걸려 있던 멍에가 부러지게 됩니다. 오직 성령의 도우심으로 우리는 '예수반석'의 신앙을 온전히 살아갈 수 있습니다.

> 우리가 예수님만Christ alone 의지하는 삶을 살 때,
> 우리는 어떠한 환경에서도
> 예수님과 친밀한 교제를 나눌 수 있게 됩니다.
> 또한 우리가 예수님을 우리의 모든 가치 기준으로
> 삼을 때, 우리는 이 세상의 '배설물'을 내려놓고
> 진정한 순례자의 삶을 살 수 있게 됩니다.

혹시 여러분의 삶에 광풍이 일어나고 있습니까? 예수님은 우리에게 '예수반석'의 신앙을 요구하십니다. 예수님이 우리의 모든 삶에 반석이 되실 때 우리는 참그리스도인의 모습으로 이 세상을 살아가게 됩니다. 우리의 근심과 걱정, 두려움을 주님께 고백하면서 주님의 도우심을 구하십시오. 고난 중에 예수님만 의지하는 삶을 연습하십시오. 그분은 영원히 변치 않으시는 주님이십니다.

또한 게하시를 기억하시기 바랍니다. 우리가 배설물을 보화

처럼 여기고 살면 그 삶은 주님 보시기에 비참한 삶이 됩니다. 우리의 가치 기준을 예수 그리스도께 두는 삶이 바로 예수님의 이끄심을 받는 삶입니다. 오늘 내가 세상의 가치관을 버리고 믿음의 선한 싸움을 싸워야 할 삶의 영역은 무엇인지 곰곰이 생각해 봅시다.

1. 예수님은 우리에게 믿음을 요구하십니다. 당신의 믿음의 집은 모래 위에 있습니까? 반석 위에 있습니까?

2. 인생은 선택의 여정입니다. 당신의 선택 기준은 무엇입니까? 예수님을 가치의 중심으로 삼으면 버릴 것이 보입니다. 지금 내가 버려야 할 것은 무엇입니까? 예수님 앞에 가치 없는 것을 버리도록 기도하십시오. 그리고 내 인생에 예수 그리스도를 아는 지식이 최고가 되도록 구하십시오.

주님, 나의 배설물은 무엇입니까? 혹시 배설물을 보화처럼 여기고 살고 있지는 않습니까? 예수님이 가치 없다고 말씀하시는 것은 버리게 해 주십시오. 대신에 내 인생에 예수 그리스도를 아는 지식이 최고가 되게 해 주십시오. '주 예수보다 더 귀한 것은 없네'라고 찬송만 부르는 사람이 아니라 진짜 그런 사람이 되어 가는 가슴으로 살게 해 주십시오. 주님, 모래 위에 세운 집을 허물고 다시 반석 위에 집을 짓게 해 주십시오. 오늘 이 자리가 주님을 의지하는 곳으로 달려가는 자리가 되게 하옵소서. 믿음의 선한 싸움을 싸우게 하옵소서.

◇◇◇◇◇

"그러나 무엇이든지 내게 유익하던 것을 내가 그리스도를 위하여
다 해로 여길뿐더러, 또한 모든 것을 해로 여김은 내 주 그리스도 예수를
아는 지식이 가장 고상하기 때문이라 내가 그를 위하여 모든 것을
잃어버리고 배설물로 여김은 그리스도를 얻고, 그 안에서 발견되려
함이니 내가 가진 의는 율법에서 난 것이 아니요 오직 그리스도를
믿음으로 말미암은 것이니 곧 믿음으로 하나님께로부터 난 의라"

빌 3:7-9

제3장

예수내주 內住, In Christ

성경은 우리가 예수님 안에(In Christ) 있다고 말합니다. 이 말이 무슨 의미인지 생각해 보신 적이 있나요? 무슨 의미라고 생각하나요?
예수님을 믿고 구원받은 그리스도인이 그 후로는 하나님과 아무 관계도 없이, 부담감도 없이 살아갈 수 있을까요?

‘예수내주’(In Christ)는 그리스도인의 삶이 예수님과 연합되어 있음을 의미하며, 연합(접붙임)의 결과로 죄된 나의 것들이 점점 사라지고 의로운 주님의 것으로 채워지는 삶을 말합니다. 구원을 받는다는 것은 죄사함을 받는 것만이 아니라 그리스도에게 접붙임되어 예수 그리스도의 영향력이 내 안에 흘러들어 오는 것도 의미합니다.

— ‘예수내주’는 그리스도와 연합된 그리스도인의 삶을 말합니다.

1. 고린도후서 12장 2절을 읽어 보세요. 사도 바울은 자신이 누구 안에 있는 사람이라고 말하나요?

성경은 바울뿐만 아니라 모든 그리스도인에 대해서, 예수 그리스도 안에 있는 사람이라고 말합니다. 그렇다면 그리스도 안에 있다는 말은 무슨 의미일까요? 우리는 흔히 어떤 물건이 집 안에 있다거나 가방 안에 있다는 표현을 씁니다. 하지만 이러한 공간 개념은 ‘그리스도 안에’라는 말의 의미를 온전히 설명해 주지 못합니다.

2. 요한복음 15징 4절을 읽어 보세요. 누가 누구의 안에 거하는 것입니까?

요한복음 15장 4절은 누군가의 안에 있다는 것이 쌍방에서 일어나는 현상임을 보여 줍니다. 그렇다면 이것은 단순한 공간 개념으로는 온전히 설명할 수 없습니다. '그리스도 안에'라는 말은 공간적 의미를 넘어서 관계(relationship)적 의미를 포함합니다. 예수님은 이 관계를 포도나무와 가지의 관계로 설명해 주셨습니다.[1]

3. 요한복음 15장 4-5절을 읽어 보세요. 예수님 안에 거하는 것을 무엇에 비유하고 있나요?

요한복음 15장 4-5절은 '그리스도 안에'의 개념을 '접붙임'의 관계로, 곧 '연합'의 관계로 표현합니다. 특별히 Good News Bible(GNB)은 '안에 거하다'의 의미를 그리스도와 연합하는 것으로 번역합니다.[2] '연합'이란 말은 성경의 원어적 의미를 매우 잘 보여 줍니다. 곧, 연합해서 같이 있다는 것은, 내가 주님 안에 거

하고 주님이 내 안에 거한다는 표현입니다.

예수님은 우리와의 관계를 포도나무와 가지의 연합으로 비유하시는데, 여기에는 중요한 의미가 있습니다. 가지가 포도나무에 붙어 있으면 포도나무로부터 영양분을 공급받습니다. 마찬가지로, 우리가 주님께 붙어 있으면(연합하여 있으면, 곧 그리스도 안에 있으면) 이전에는 맺을 수 없었던 하나님 나라의 열매를 맺게 됩니다. 곧, 우리가 죄의 열매를 맺는 사람이 아니라 의의 열매를 맺는 사람으로 변화된다는 것입니다. 우리가 그리스도 안에 있다는 것은 참으로 놀라운 축복입니다.

4. 에베소서 1장 3-7절을 읽어 보세요. 하늘에 속한 모든 신령한 복은 누구 안에 있는 것입니까?

- -

5. 하나님은 우리를 언제 택하셨으며, 누구로 말미암아 우리를 하나님의 자녀로 삼아 주셨습니까? (4-5절)

    a. 하나님은 이 모든 축복을 누구 안에서 거저 주셨습니까? 왜 그런 축복을 주셨을까요? (6절)

    b. 우리는 누구 안에서 죄사함을 받았습니까? (7절)

에베소서 1장에서 말하는 하늘의 복은 우리의 신분과 관련이 있습니다. 곧, 그리스도와 연합된 결과로 우리는 새로운 관계로 들어가는데 바로 하나님의 자녀가 되는 것입니다.[3] 이는 우리의 가문이 바뀐 것으로서 죄의 가문에서 하나님의 의의 가문으로 바뀐 것입니다. 이 일은 오직 예수 그리스도께서 우리의 죄를 위해 십자가에서 죽으심으로 우리의 모든 죄의 값을 치러 주신 크신 은혜 때문에 가능한 것입니다. 이 큰 은혜를 받은 우리가 할 수 있는 일은 은혜를 갚는 것이 아니라(우리는 그 은혜를 절대로 다 갚을 수 없습니다), 오직 은혜를 기억하고 감사하는 것입니다. 갚을 수 있다면 그것은 은혜가 아닙니다. 하나님의 은혜를 기억하고 특별히 우리가 예수님과 연합되어 있다는 것을 안다면, 우리는 그분에게 작은 것일지라도 헌신하는 삶을 살게 됩니다.

6. 로마서 8장 1절과 39절을 읽어 보세요. 하나님의 사랑은 누구 안에 있습니까? 그리고 우리는 누구 안에 있습니까? 그 결과는 무엇입니까?

-----

7. 로마서 6장 11절 말씀을 읽어 보세요. 우리는 무엇에 대해서 죽었고 무엇에 대해서 산 자입니까?

우리는 그리스도와 연합함으로 죄에 대하여는 죽고, 하나님
께 대하여는 산 자가 되었습니다. 이제 아무도 우리를 그리스도
예수 안에 있는 하나님의 사랑에서 끊을 수 없습니다. 우리는
영원히 그리스도 안에 거하게 되었습니다. 이 하나님의 사랑과
은혜를 기억할 때 우리는 평생 감사하며 찬송하는 삶을 살게 됩
니다. 하나님의 은혜는 우리의 삶을 평생토록 변화시키는 능력
입니다.

8. 에베소서 1장 3절은 무슨 단어로 시작합니까?

바울은 하나님의 사랑에 감사한 마음을 주체할 수 없어서 찬
송으로 에베소서를 시작합니다. 그리스도 안에 있는 자는 마음
으로부터 찬송이 터져 나오는 사람입니다. 그래서 그리스도 안
에 있는 모든 사람은 평생의 예배자인 것입니다.

— '예수내주' 는 우리가 영적으로 성장하는 근거가 됩니다.
현실에서 살다 보면 우리는 감사의 찬송을 잊어버린 채 형식
적인 예배로 근근이 살 때가 많습니다. 왜 그렇게 될까요? 왜 때
로 우리는 하나님의 은혜를 잊어버린 자처럼 살게 될까요?

9. 요한일서 2징 12-14절을 읽어 보세요. 사도 요한은 우리의 영적 상
태를 3가지로 분류해서 말합니다. 그것들은 무엇인가요?

사도 요한은 믿음에 단계가 있어서, 우리가 아이의 단계, 청
년의 단계, 그리고 아비의 단계로 성장할 수 있다고 합니다. 이
것을 다른 성경 말씀과 연결시켜 생각하면 이해하기가 더 쉽습
니다. 호세아서에서 고멜은 남편이 있는데도 자꾸 집을 나갑니
다. 선지자 요나는 하나님의 말씀을 받고도 다른 곳으로 갔다가
나중에서야 겨우 순종하여 니느웨로 갑니다. 이와 같이 우리도
영적으로 어린아이와 같을 때가 있고, 방황하는 청년같이 행동
할 때도 있습니다.

그리스도와 연합된 우리는 계속해서 영적으로 성장해야 합
니다.[4] 사실 성장은 우리의 노력보다 먼저 그분 안에 거하는 것
을 통해서 가능합니다. 왜냐하면 우리가 예수님과 연결되어 있
고, 예수님으로부터 오는 영적인 영양분을 공급받고 있기 때문
입니다. 우리가 그리스도 안에 있다는 것은, 우리의 죄된 것이
그리스도의 의로운 것으로 점점 채워지는 삶을 의미합니다. 죄
인의 가지였던 우리에게서 죄의 열매 맺는 것이 점점 사라져 가
는 것입니다. 이제 '나'라는 가지에서 의의 열매가 맺히기 시작
하고, 이전에는 낼 수 없었던 의의 맛을 내게 됩니다. 왜 그렇습

니까? 우리가 그리스도와 연합되어 있기 때문입니다. 구원을 받는다는 것은 죄사함만 받는 것이 아니라 그리스도에게 접붙임이 되어 내가 그분 안에 있으므로 그분의 영향력이 내 안으로 흘러들어 오는 삶을 말합니다. 그렇다면 우리는 어떻게 그리스도 안에서 잘 자랄 수 있을까요?

10. 요한복음 15장 4-17절을 읽어 보세요. 예수님이라는 포도나무에 잘 붙어서 영양분을 공급받을 수 있는 방법은 무엇인가요? 구체적으로 무엇을 하라는 것인가요?

- -

요한복음 15장의 포도나무와 가지의 비유를 통해서 우리는 두 가지를 기억해야 합니다. 첫째, 우리는 말씀에 대해서 수동적인(기다리는) 태도가 필요합니다.[5] 우리의 마음을 온전히 열고 "말씀하옵소서 주의 종이 듣겠나이다"라고 고백하는 것입니다. 말씀을 듣고 순종함으로써 예수님이 내 안에 역사하시도록 허용하는 것이 필요합니다. 둘째, 믿음 생활에 능동적인 태도를 보여야 합니다. 하나님께 더 가까이 나아가야 합니다.[6] 그리스도 안에 거하는 삶을 위해 끊임없이 그분을 찾아가야 합니다. 창세기 32장 26절에 나타난 야곱의 간절함이 우리의 기도가 되어야 합니다.[7] 종교 생활에서 벗어나 예수님만을 갈망해야 합니다. 여기서 중요한 것은, 주님은 우리가 이 일을 혼자 하도록 내버려 두지 않으시고 우리에게 성령을 주셨습니다.

11. 에베소서 1장 13-14절과 고린도후서 1장 22절을 읽어 보세요.
우리 안에 누가 계십니까? 누가 우리 안에서 일하고 계십니까?

성령님은 우리가 그리스도 안에 있음을 계속 말씀해 주십니다. 성령님은 우리를 늘 그리스도께로 인도해 주십니다. 우리가 그리스도 안에 있다는 것을 알 때(우리가 그리스도와 연합되어 있다는 것을 알 때), 우리는 거룩한 '부담'을 가지고 살게 됩니다. 성령님이 우리 안에 거하시는 것은 감시하기 위함이 아니라 도와주기 위함입니다.

우리는 주님과 연합한 자들입니다.
우리는 죄와 사망에서 구원받은 자일 뿐만 아니라,
매일의 삶 속에서 예수님이 우리 안에 거하시므로
날마다 우리의 죄된 것을 버리고 의의 열매를 맺
을 수 있는 주님의 영원한 자녀입니다.
은혜는 갚는 것이 아니라 기억하는 것입니다.

나를 지으신 창조주, 나의 모든 죗값을 십자가의 희생으로 대신 치러 주신 예수 그리스도, 우리는 그분을 잊지 않을 것입니다. 우리를 영광스런 부활의 날에 참여하게 하실 예수 그리스도, 우리는 그분을 기대하고 살아갈 것입니다. 그리스도 안에 거한다는 것은 주님이 베푸신 은혜와 사랑 안에 거하는 것입니다. 그때, 우리의 가슴 속에 절대 감사가 터질 것입니다. 평생 찬송을 부르는 자리에 서게 될 것입니다. 주께 순종하기 위한 매일의 걸음이 시작될 것입니다. 비록 넘어질 때가 있을지라도 다시 일어나 주님을 향하여 끝까지 걸어갈 것입니다.

때로 우리는 주님을 멀리 떠나 방황하며 살 때가 있습니다. 하지만, 주님은 늘 우리를 찾아오십니다. 조건 없는 사랑으로 우리를 사랑해 주십니다. 이 은혜는 갚을 수 없습니다. 우리는 그 사랑 때문에 다시 하나님을 사랑하는 자리로 돌아옵니다. 신앙은 종교 생활이 아닙니다. 우리를 사랑하시는 예수님을 만나고 그분 안에 거하는 은혜의 여정입니다. 당신의 삶은 어떻습니까?

1. 당신은 예수님 안에 거하고 있음을 믿으십니까?

2. 혹시 당신의 삶에서 예수 그리스도께 대한 감사의 찬송이 식지는 않
   았습니까? 믿음이 자라지 못한 채 오랫동안 정체되어 있지는 않습니
   까? 혹시 그 이유가 무엇이라고 생각하십니까?

혹시 은밀한 죄가 내 안에 있지는 않습니까? 하나님 앞에 부
담스럽게 느끼고 있는 문제를 가지고 있지는 않습니까? 매일의
삶 속에서 분주함에 쫓긴 채 세상적인 즐거움을 누리는 것에 너
무 익숙해져 있는 것은 아닙니까? 자신의 일에 대하여 성실한
것은 그리스도인으로서 소중한 것입니다. 그러나 주님과의 개인
적인 만남의 시간을 가지지 않는다면 자신도 모르게 영적인 균
형 감각을 잃어갈 수 있습니다. 예수님 안에 거하려는 당신의 정
직한 기도와 삶 속에서 드리는 진실된 예배는 당신의 믿음을 껍
데기 종교 생활에서 생명력 있는 신앙으로 바꾸어 줄 것입니다.

3. 여러분 중에 정체된 신앙을 극복하고 주님과 살아 있는 교제를 회복
   한 경험이 있다면 나누어 보십시오.

고난 때문에 회복된 사람도 있을 것입니다. 자신의 죄가 깨

달아져서 회개를 통해서 돌아온 사람도 있을 것입니다. 어느 날 하나님의 말씀이 우리의 가슴을 찌름으로 영혼이 살아난 사람도 있을 것입니다. 모든 사람이 동일한 방법으로 회복되는 것은 아닙니다. 그러나 한 가지 분명한 것은 하나님만이 우리의 영혼을 살리신다는 것입니다.

오늘 당신이 그리스도 안에 있는 삶을 회복하기 위해 무엇을 결단해야 할지 생각해 보시기 바랍니다.

예수 그리스도 안에 있는 하나님의 그 크신 은혜와 사랑을 기억하며 감사와 찬송을 올려 드립니다. 예수님이 나의 포도나무요 나는 그분의 가지임을 기억합니다. 그래서 나는 주님을 떠나서는 아무것도 할 수 없는 자입니다. 주님, 그리스도 안에 있는 그 충만한 삶을 오늘 회복하고 싶습니다. 그리스도 안의 그 큰 사랑을 기억하며 주님께로 돌아갑니다. 주님, 주님의 말씀을 사모하여 은혜의 자리로 달려가게 하옵소서. 야곱의 기도가 나의 기도가 되게 하옵소서. 내 안의 성령께서 도우사 주님과 연합한 자답게 살도록 도와주옵소서. 나의 믿음이 성장하게 하옵소서.

◇◇◇◇◇

"나는 포도나무요 너희는 가지라 그가 내 안에,

내가 그 안에 거하면 사람이 열매를 많이 맺나니

나를 떠나서는 너희가 아무 것도 할 수 없음이라"

요 15:5

제4장

예수주권 主權, Under Christ

예수님을 믿는다는 것의 실제는 그분을
내 인생의 주님(Lord)으로 모시고 내 삶의
주권(Lordship)을 그분께 드리는 것입니다.
여러분의 삶 속에는 누가 왕입니까? 무엇
이 주인된 삶을 살고 있습니까?

'예수주권'(Under Christ)은 우리가 그리스도의 권위 아래 있음을 의미합니다. 이것은 우리의 이성이나 감정을 무시하고 무조건 예수님의 말씀을 따라가는 것이 아닙니다. 예수님의 사랑과 주 되심을 믿고 그분의 말씀, 진리 앞에 내 모든 것을 복종시키는 것입니다. 그것을 위하여 제일 먼저 예수 그리스도가 어떤 분이신가를 아는 것이 중요합니다.

— '예수주권'은 예수님이 우리의 주님Lord이심을 인정하는 것입니다.

1. 빌립보서 2장 9-11절을 읽어 보세요. 예수 그리스도는 누구신가요?

2. 에베소서 1장 20-23절 말씀을 읽어 보세요. 예수님을 누구라고 표현하고 있나요?

성경은 우리가 예수님께 복종해야 하는 이유가 그분이 우리의 주님(Lord)이시기 때문이라고 말합니다. 성경은 예수님의 부활과 승천이라는 역사적 사실을 근거로 예수님이 하나님이심을 증거합니다.[1] 그분은 모든 것 위에 계신 최종적인 권위를 가지신 분입니다. 예수님을 믿는다는 것은 이러한 객관적 사실을 믿고 신뢰함으로, 우리의 모든 것을 그리스도 아래, 곧 그분의 권위 아래 내려놓는 것입니다.

예수님이 우리의 주님이라면, 우리에게는 진정한 자유가 없다고 생각하는 사람이 있을지도 모릅니다. 그러나 예수님이 누구신지를 정확히 알면 그런 염려는 사라집니다. 예수님은 강압적으로 우리의 주님이 되지 않습니다. 우리가 예수님을 주님으로 모시고 그분께 복종하는 이유는, 주님이 우리를 가장 사랑하시는 분이기 때문이며 그분을 따라가는 것이 우리에게 큰 기쁨이 되기 때문입니다. 예수 그리스도는 실수가 없으신 완전한 하나님이십니다.

마음 속의 '전쟁'

3. 시편 119편 9-11절을 읽어 보세요. 여기서 시편 기자는 왜 하나님의 말씀을 열심히 찾고 있습니까?

인간의 마음 속에는 '전쟁'이 일어납니다. 하나님을 경외할 것인지 아니면 다른 것(죄, 욕심 등)을 경외할 것인지 갈등하는 '전

쟁'입니다. 아담과 하와의 타락, 그리고 동생을 죽인 가인의 선택은 잘못된 것을 경외하는 인간의 내면을 적나라하게 보여 주는 사건들입니다. 우리의 삶에서 예수 그리스도 아래 복종하지 못하는 영역이 있다면, 그것은 우리가 다른 것을 주인으로 삼고 있기 때문입니다. 하나님을 경외하는 마음을 지키는 것이 모든 믿음의 선한 싸움의 기초입니다.

— '예수주권'은 예수님의 은혜의 멍에를 메고 살아가는 삶입니다.

이제 좀 더 구체적으로 예수님의 권위 아래 있는 삶의 의미에 대해서 알아봅시다.

4. 마태복음 11장 29-30절 말씀을 읽어 보세요. 무엇이 쉽고, 무엇이 가볍다고 기록하고 있나요?

----

5. 예레미야 27장을 읽어 보세요. 바벨론에 항복하는 것을 무엇에 비유하나요?

마태복음과 예레미야서의 본문을 보면 두 종류의 멍에가 나옵니다. 바로 예수님의 멍에와 노예(slave)의 멍에입니다.

멍에는 소의 목에 수평으로 거는 나무틀입니다. 이 멍에를 메는 것은 소들에게 결코 쉬운 일이 아닙니다. 힘든 일을 시키는 것입니다. 예레미야 27장에는 이스라엘이 바벨론에 항복하는 것을 그 왕의 멍에를 메는 것으로 표현하였습니다. 노예는 원하든 원치 않든 주인이 시키는 일은 무조건 해야 하는 무거운 멍에를 메고 삽니다.[2]

그런데, 예수님은 우리가 그분의 권위 아래 들어가는 것을 멍에를 메는 것으로 표현하시면서, 이 힘든 멍에를 가볍다고 말씀하십니다. 왜 그렇습니까? 이것을 이해할 때 우리는 그리스도 아래에 있다는 의미를 재발견하게 됩니다.

노예의 멍에는 노예의 의사와 관계없이 강제적으로 지워집니다. 이것은 마치 농부가 강제로 소에게 멍에를 씌워 일을 시키는 것과 같습니다. 하지만 예수님의 멍에는 다릅니다. 예수님은 자신의 권위와 완전함 앞에 우리가 자발적으로 복종하도록 부르십니다.[3] 계속해서 이 멍에에 관해 율법과 은혜라는 관점에서 살펴보도록 하겠습니다.

율법과 은혜

6. 마태복음 23장을 읽어 보세요. 예수님은 바리새인과 서기관들의 어떤 모습에 진노하시나요? 특별히 바리새인과 서기관들은 사람들에

게 어떤 멍에를 지웠다고 생각하나요?

예수님이 세상에 오셨을 때 이스라엘 사람들은 신앙을 무거운 멍에로 변질시켰습니다. 지킬 수 없는 하나님의 율법이라는 멍에를 모든 사람에게 메게 했던 것입니다. 결국 율법은 무거운 짐이 되어 버렸습니다. 율법을 지키지 못하면 천국은 꿈도 못 꾸게 되었습니다. "주의 말씀은 내 발에 등이요 내 길에 빛"이 되어 인생의 안내 지도가 되어야 하는데, 오히려 이 말씀이 쇳덩이 같은 멍에로 인식된 것입니다.[4]

7. 다시 한 번 마태복음 11장 29-30절 말씀을 읽어 보세요. 예수님의 멍에의 무게는 어떠하다고 하시나요?

예수님은 율법의 무거운 멍에를 지고 살아가는 이들에게 오셔서 은혜의 길을 소개하십니다.

율법을 지킴으로, 자신의 의로움으로 구원을 받으려다 지쳐 있던 사람들, 율법의 멍에에 묶여 노예로 살던 사람들에게, 예수님은 은혜라는 선물을 주고 싶었습니다. 율법을 지켜서 의를 이루어 구원을 받는 길이 아니라, 오직 하나님의 은혜로 구원받는 길을 소개해 주셨습니다.

예수님은 자신의 몸을 십자가에 드림으로써, 율법의 의를 이룰 수 없는 우리를 위해 구원을 이루셨습니다. 따라서 예수님의 멍에는 우리가 구원을 받으려고 애쓰는 멍에가 아닙니다. 예수님의 멍에는 구원받은 자가 감사함으로 자발적으로 지고 가는 쉽고 가벼운, 그러나 잊지 말아야 할 은혜의 멍에입니다.

8. 에베소서 2장 1-5절 말씀을 읽어 보세요. 우리는 무엇으로 구원을 받았습니까?

우리는 오직 은혜로 구원받았습니다. 그리고 은혜로 구원받은 자는 자발적으로, 감사함으로, 기쁨으로 예수님의 멍에를 집니다. 예수님의 권위에 복종합니다. 사도 바울은 서신서를 쓸 때 인사말로 언제나 자기 자신을 예수 그리스도의 종이라고 표현해 왔습니다. 바울은 억지로 자신을 종이라 하지 않았습니다. 그는 기쁨과 감사가 넘쳐 기꺼이 종이 되고 싶었습니다. 예수님이 누구신지, 우리를 위해서 어떤 일을 하셨는지를 진정으로 안다면, 주님의 종이 되는 것은 일생일대의 축복일 것입니다. 당신은 그리스도의 종입니까? 그리스도의 종이 된 것이 기쁘십니까? 그렇다면 당신은 그리스도 아래 있는 것이 분명합니다.

존 디커슨의 책, 《나는 강하다》(I am STRONG, 규장 역간)에서는
조이 베론이라는 한 어머니의 이야기를 소개합니다. 베론은
1991년에 결혼해서 3남매를 둔 어머니였습니다. 1999년 어
느 날, 베론은 가족들과 휴가를 보내기 위해 빌린 통나무 오
두막집의 서류에 사인을 하려고 차에서 내렸습니다. 아이들
만 차 안에 남아 있었고, 차는 길가에 세워진 상태였습니다.
그런데 갑자기 자동차의 기어가 풀리면서 절벽 쪽으로 차가
움직이기 시작했습니다. 이를 본 베론은 갑자기 놀라운 행동
을 합니다. 바로 그 차 앞으로 달려가 엎드린 것입니다. 결국
그 사고로 베론은 허리가 부러져 하반신이 마비되었습니다.
하지만 베론은 휠체어를 타고 생활하면서도, 아이들의 모든
학교 모임에 참석하며 아이들을 돌보았습니다.
이 사건이 있은 지 17년이 지난 어머니날(Mother's Day)에 베론
의 딸들이 어머니에게 편지를 썼습니다. 인생은 엄마에게 가
혹했지만, 엄마는 그것을 아름다운 무언가로 바꾸어 놓았다
고 말합니다. 엄마는 1999년에 자신들의 생명을 구했고, 또
하루하루 그들의 생명을 구하고 있다고 말입니다.[5]

이 편지에는 엄마를 향한 딸들의 깊은 사랑과 경외심이 가
득 차 있습니다. 아이들은 어떠한 자유를 포기해서라도 어머니

를 끝까지 사랑할 것입니다. 자발적으로 그들의 인생을 엄마에게 줄 것입니다. 마찬가지입니다. 우리가 그리스도께 우리의 모든 것을 드릴 수 있는 이유는 그분의 측량할 수 없는 사랑, 바로 우리를 영원히 살리신 그 큰 사랑 때문입니다.

말씀의 멍에

은혜라는 단어에 대해 우리가 주의할 것이 한 가지 있습니다. 우리가 율법 아래 있지 않고 은혜 아래 있다는 것은 복음의 핵심입니다. 그러나 그렇다고 이제 모든 율법이 필요 없다고 말한다면, 이는 하나님의 의를 무시하는 것입니다.

9. 고린도후서 5장 14-15절을 읽어 보세요. 은혜로 구원받은 자는 누구를 위해 살아간다고 말합니까?

10. 요한일서 3장 1-3절을 읽어 보세요. 천국의 소망을 가진 사람은 어떤 삶을 살아간다고 기록되어 있나요?

우리가 잊지 말아야 할 사실이 있습니다. 율법이 구원의 방

편은 아니지만 여전히 우리 삶의 도덕적 가치 기준이 된다는 사실입니다. 그리스도인이 어떤 결정을 내릴 때 참고하는 가치의 기준은 무엇입니까? 언제나 하나님의 말씀이어야 합니다. 우리가 삶의 모든 영역에서 주님의 말씀에 순종할 때, 우리는 비로소 우상 숭배의 삶(하나님 아닌 것을 섬기는 삶)을 버리고, 완전하시며 목숨 다해 우리를 사랑하시는 예수님 아래에서 진정으로 자유한 삶을 누리게 됩니다.

11. 고린도전서 2장 16절을 읽어 보세요. 우리는 무엇을 가진 자입니까?

---

12. 요한복음 14장 21절을 읽어 보세요. 우리가 하나님 사랑하는 것을 어떻게 알 수 있나요?

---

13. 누가복음 6장 46절과 사무엘상 15장 22-23절을 읽어 보세요. 하나님께서 원하시는 것은 무엇입니까?

우리는 자유를 갈망합니다. 그런데 어떻게 자유로운 삶이 순종을 통해서 표현될 수 있을까요? 만약 내 마음대로 사는 것이 자유라고 생각한다면, 그래서 자유와 순종이 서로 배타적인 삶이라고 생각한다면, 우리는 '그리스도 아래'서 이 생각을 바꾸어야 합니다. 그리스도인의 자유는 순종을 통해서 얻어지기 때문입니다.[6]

14. 요한복음 8장 32절을 읽어 보세요. 우리는 언제 자유한가요?

우리는 진리를 믿을 때에만 자유롭습니다. 예수님은 진리이십니다. 그래서 내 생각과 의지가 그리스도께 불순종하면 자유롭지 않습니다. 오히려 욕심의 굴레에 갇히게 됩니다. 우리의 생각은 예수 그리스도의 진리를 믿음으로써 자유케 되며, 우리의 의지는 그리스도의 법에 순종함으로써 자유를 얻게 됩니다. 사무엘상 15장 22-23절을 보면 순종하지 않는 것을 우상 숭배에 비유합니다.

순종은 누군가의 권위 아래로 들어가는 것입니다. 주님의 권위 아래 들어가지 않는 것은 주님이 아닌 다른 무언가의 권위 아래 들어감을 의미합니다. 그래서 주님은 "순종이 제사보다 낫다"고 말씀하신 것입니다.

15. 고린도후서 10장 3-6절 말씀을 읽어 보세요. 이 말씀에서 나타난
    '그리스도 아래' 있다는 의미는 무엇입니까?

주님은 우리 삶의 모든 영역이 그분 말씀에 순종하기를 원하
십니다. 기억하십시오. 주님은 완전하신 분이시고, 주님의 말씀
은 진리이며, 주님의 멍에는 쉽고, 주님의 짐은 가볍습니다. 우
리에게 진정한 자유를 주실 수 있는 분은 오직 예수 그리스도
한 분밖에 없습니다.

'예수주권'은 우리를 사랑하사 죽으시고
부활하신 예수 그리스도의 큰 사랑에
감사하여, 우리의 온 삶을 자발적으로 그리고
감사와 기쁨으로 그분의 권위 아래
복종시키는 것입니다.

예수님은 율법의 의를 이루기 위해 우리를 대신해 죽으시는
희생의 대가를 지불하셨습니다. 우리의 죽음을 대신해 죽으시
고 부활하심으로 우리를 죄와 사망에서 자유케 하셨습니다. 하
나님의 자녀로 삼아 주시고, 영원한 생명을 주셨습니다. '예수주

권'은 이 갚을 수 없는 은혜를 기억하며, 감사와 기쁨으로 예수님의 멍에를 지고 예수님께 순종하는 삶을 말합니다. 예수님의 종이 되는 것은 기쁨과 감사와 자유의 표현인 것입니다. '그리스도 아래'에 있을 때, 우리는 비로소 참으로 자유한 삶을 살게됩니다.

1. 당신 인생의 왕은 누구입니까? 당신의 삶 속에서 여전히 당신이 왕이 되어 다스리는 영역은 무엇입니까?

2. 당신은 당신의 삶이 그리스도 아래 있다고 생각하십니까?

우리의 인생에는 수많은 방들(삶의 영역: 인생관, 결혼관, 직업관, 물질관, 내 삶의 모든 현장 등)이 있는데, 이 모든 방들을 24시간 내내 그리스도께 열어 드리는 삶을 그리스도 아래 있다고 합니다. 주님께서 지금 당신을 심방하실 때 인생의 모든 방을 다 열어서 보여 드릴 수 있다면 빛이 있는 것입니다. 하지만 반대로, 당신의 인생의 방들 중에 절대로 예수님께 보여 드릴 수 없다고 생각하는 방이 있다면 여전히 삶에 어두운 부분이 있는 것입니다. 당신에게는 혹시 예수님께 열어 보일 수 없는 인생의 방이 있습니까? 그렇다면 그 방은 어떤 방입니까?

3. '예수주권'은 그리스도가 다스리는 삶입니다. 그리스도가 다스리는 삶을 살기 위해 지금 이 시간 어떤 기도를 드리시겠습니까? 당신이 열어 보여야 할 인생의 방을 위해 기도하지 않으시겠습니까?

주님, 이 시간 나의 마음의 문들을 엽니다. 꽁꽁 닫아 두었던 방문들을 열고 주님께로, 주님 아래로 나아갑니다. 내 삶의 죄된 습관을 주님께 다 보여 드립니다. 나의 모든 생각과 욕심을 주님 발 앞에 다 내려놓고, 주님의 빛이 비추이기를 기도합니다. 주님, 나를 비추어 주옵소서. 나를 다스려 주옵소서. 나의 삶에 어둠이 없게 하여 주옵소서. 내가 주인인 삶의 영역이 없게 하여 주옵소서. 예수 생명의 빛, 진리의 빛을 비추어 주옵소서. 주님, 내 마음에 오시옵소서.

"수고하고 무거운 짐 진 자들아 다 내게로 오라

내가 너희를 쉬게 하리라 나는 마음이 온유하고 겸손하니

나의 멍에를 메고 내게 배우라 그리하면 너희 마음이 쉼을 얻으리니

이는 내 멍에는 쉽고 내 짐은 가벼움이라 하시니라"

마 11:28-30

제5장

예수동행 同行, With Christ

여러분은 어떤 사람과 함께 살고(동행하는 삶) 있습니까?(예: 남편, 아내, 형제, 자매) 그 사람과 동행하는 삶에서 가장 좋은 점은 무엇이라고 생각합니까? 그리고 그 동행하는 삶의 궁극적인 미래는 어떻게 될 것 같습니까?

‘예수동행’(With Christ)은 내가 그리스도와 함께 십자가에서 죽고, 그리스도와 함께 다시 살며, 그리스도와 함께 감추인 새 생명을 가진 자로서 마지막 날에 영광의 부활에 참여하는 믿음을 갖고 사는 삶을 말합니다.

이런 믿음을 가진 자는 현재의 고난을 예수님과 함께 통과하며, 이 땅의 죄된 것들과 매일 싸우며, 하나님 나라의 일을 하려고 애쓰는 삶을 삽니다.

— ‘예수동행’은 미래 완성형의 ‘시제’입니다.

이 땅에서 우리는 아무리 사랑하는 사람과의 동행도 결국은 이별로 끝난다는 걸 압니다. 그러나 예수님과의 동행은 어떠한가요?

1. 요한복음 14장 1-3절, 누가복음 23장 43절, 고린도후서 5장 8절, 요한계시록 21장 3-4절을 모두 찾아서 읽어 보세요. 예수님과 동행의 최종 목적지는 어디인가요?

예수님과 함께할 때 최종 목적지는 바로 하나님 나라입니다. '예수동행'은 우리를 천국으로 인도하시겠다는 미래 완성형의 의미가 있습니다. 곧 '그리스도와 함께'라는 것은 하나님과 영원히 산다는 영원성의 '시제'입니다. 이 미래의 축복이 어떤 것인지를 안다면, 지금 현재 하나님이 우리와 함께 계신다는 것은 차라리 부재(absence)에 가깝습니다.[1] 이 동행의 의미를 알고 장차 올 영광을 소망하는 사람은 결코 이전과 같은 삶을 살아가지 않을 것입니다.

— 그리스도와 함께 사는 법을 배우십시오.

2. 마가복음 5장 1-20절을 읽어 보세요. 거라사의 광인은 어떤 사람입니까? 그리고 예수님은 이 광인에게 무엇을 해 주셨습니까?

3. 마가복음 5장 18-20절을 읽어 보세요. 거라사의 광인은 예수님과 함께 있고 싶었습니다. 그런데 예수님은 이 광인에게 뭐라고 말씀하시나요?

예수님은 거라사의 광인을 온전히 치유해 주십니다. 이 광인은 이제 평안을 되찾았고, 자기를 치료해 주신 예수님과 함께 있기를 청합니다. 이 광인은 주님과 함께 아무런 흔들림 없는 삶을 살고 싶었을 것입니다. 그런데, 예수님의 대답이 놀랍습니다. 예수님은 그 사람을 집으로 돌려보냅니다.[2] 여기에 중요한 교훈이 있습니다.

사람들은 이 땅에서 신앙의 단계와 과정들을 뛰어넘어 바로 천국에 들어가든지, 아니면 이 세상에서 완전한 천국을 이루고 싶어 합니다.[3] 그러나 예수님은 우리가 영원한 천국에서 그리스도와 함께 거하기 전에 고난과 염려와 근심이 생길 수밖에 없는 이 세상에서 믿음으로 그리스도와 함께 사는 법을 배우기 원하십니다. 그래서 그 사람을 집으로 다시 보내시는 것입니다.[4] 우리가 예수님을 믿고 회심했다고 해서 우리의 상황이나 현실이 바뀌는 것은 아닙니다. 우리가 바뀌는 것입니다. '예수동행'이라는 말은 우리 앞에 놓인 모든 상황을 완전히 바꾸어 놓는데, 그 이유는 상황에 대한 우리의 태도와 해석이 바뀌기 때문입니다.[5]

4. 마태복음 28장 18-20절은 예수님이 부활하신 후 하늘로 승천하기 전에 제자들에게 하시는 말씀입니다. 곧 육신으로 헤어질 때 하시는 말씀입니다. 주님은 제자들에게 뭐라고 말씀하시나요?

　예수님은 떠나시며 "세상 끝날까지 너희와 항상 함께 있으리라"고 말씀하십니다. 예수님의 육신은 떠나도 우리와 함께하실 수 있다는 것입니다. 예수님은 성령으로 말미암아 우리와 지금 함께하시는 분이십니다. 이 세상에서 주님 다시 오실 날까지 '그리스도와 함께'라는 말은 모든 상황이 내 꿈대로 내 소원대로 바뀐다는 말이 아닙니다. 이는 '그리스도와 함께' 모든 상황을 풀어 나가는 일이 시작되었다는 것입니다. 이것이 영적인 삶이고 신앙인의 실제적인 삶입니다. 이 과정에서 우리는 이 땅에서나마 천국을 조금씩 맛보며 살아가고, 장차 올 영광을 바라보며 사는 것입니다.

— '예수동행'은 그리스도가 이루신 구원에 동참하는 것을 말합니다.

　'그리스도와 함께'라는 말의 성경적인 의미는 예수 그리스도의 모든 역사에 동참한다는 것입니다.

　곧, '그리스도와 함께'라는 것은 그리스도가 이루신 구원의 전체 사역(죽음, 부활, 승천, 재림)에 우리가 동참한다는 것을 의미합니다.[6]

함께 죽음

5. 로마서 6장 3절, 갈라디아서 2장 20절, 골로새서 3장 3절 말씀을 읽어 보세요. 여기서는 우리가 그리스도와 함께 어떻게 되었디고 밀하나요?

우리는 그리스도와 함께 죽었습니다(롬 6:3; 갈 2:20; 골 3:3). 죄의 통치, 정죄, 심판에 묶여 있던 우리는 예수님을 믿을 때 우리 옛사람이 그리스도와 함께 십자가에서 죽은 것입니다. 죄와 죄의 결과에 묶여 있던 우리는 그리스도를 믿는 순간에 그리스도와 함께 죽은 것입니다. 왜 이것이 중요합니까? 심판받을 옛사람의 자리에서 벗어나는 길은 그 죗값을 지불하는 것뿐입니다. 그런데 예수 그리스도는 십자가에서 죽으심으로 우리 대신 그 죗값을 다 치러 주셨습니다.

함께 살아남

6. 에베소서 1장 19-22절, 에베소서 2장 3-7절, 그리고 골로새서 3장 1절 말씀을 읽어 보세요. 그리스도와 함께 죽은 우리는 어떻게 되었나요?

우리는 그리스도와 함께 살아났습니다(엡 1:19-22; 2:3-7; 골 3:1). 예수 그리스도 안에서 죄에 묶였던 삶이 끝나고 그의 부활과 함께 우리의 거듭난 삶이 시작된 것입니다. 이것이 구원입니다. 우리에게 하나님의 은혜와 용서가 주어진 것입니다. 우리는 하나님의 자녀라는 신분을 갖게 되었습니다. 우리에게 주신 구원의 의미는 신분의 변화만 일어나는 것이 아닙니다. 용도의 변

화가 일어나야 참된 구원을 누리는 삶입니다. 죄를 지으러 가던 발이 복음을 전하는 발로 바뀐다면 얼마나 아름다운 변화입니까? 하나님을 위해 살아가는 삶의 헌신과 봉사는 은혜를 아는 자에게 평생의 기쁨이 될 것입니다.

함께 감추어진 생명

7. 에베소서 2장 6절과 골로새서 3장 3절을 읽어 보세요. 우리의 생명은 지금 어떻게 되었다고 말하나요?

우리의 신비한 생명은 그리스도와 함께 비밀스럽게 감춰져(골 3:3) 있는데, 우리는 지금 이 땅에 살고 있지만(보이는 것) 동시에 하늘에 속한 사람으로서 하나님 나라 시민권(보이지 않는 것)을 가지고 삽니다. 예수님과 동행하는 삶은 죽음을 통과해야 하는 우리에게 영원한 생명이 있음을 믿고 사는 것입니다. 이 감추어진 생명의 능력과 신비는 고난 속에서 역사하는 하나님의 은총입니다.

8. 요한일서 3장 1-2절을 읽어 보세요. 세상 사람들이 우리의 변화를 모른다면 이는 무엇 때문입니까?

세상은 예수 그리스도를 이해하지 못하기 때문에 우리에 대해서도 모릅니다. 예수님의 생명이 우리 안에 역사하는 것을 알 수가 없습니다. 하지만, 주님이 다시 오시는 날에는 모든 것이 드러날 것입니다.

함께 나타남

9. 골로새서 3장 4절을 읽어 보세요. 예수님이 다시 오실 때 어떤 일이 일어난다고 말하고 있나요?

- -

지금은 아무것도 없는 것처럼 보여도, 그분이 오시는 날에는 우리 안에 감추어진 엄청난 그리스도의 생명이(요일 5:12) 다 드러날 것입니다(골 3:4).[7] 이것이 우리가 그리스도와 함께함으로 받은 구원입니다. 할렐루야!

— '예수동행'은 현실을 살아가는 원동력이 됩니다.

그리스도와 함께 모든 구원의 역사에 동참하고 있는 우리는 이 땅에 거라사 광인처럼 머물고 있습니다. 그렇다면 이런 구원의 감격과 신비 속에 있는 우리가 이 땅에서 그리스도와 함께 산다는 것이 무슨 의미인지 살펴보겠습니다.

그리스도와 함께 무엇을 할 것인가?

10. 골로새서 3장 1-2절을 다시 한 번 읽어 보세요. 우리는 그리스도와 함께 죽음과 부활에 참여하고, 장차 영광 가운데 나타날 신비한 생명을 소유한 자들입니다. 이러한 우리에게 성경은 우리가 이 땅에서 사는 동안 무엇을 생각하며 살아야 한다고 말하나요? 또 무엇을 생각하지 말라고 말하나요? 우리는 무엇을 해야 할까요?

여기서 '땅의 것'이란 자기중심적인 옛 생활을 말합니다; 반대로 그리스도와 함께 있다는 것은, 그리스도가 원하시는 일을 생각한다는 것입니다.[8] 우리는 하나님의 파트너가 되었습니다. 따라서 교회가 해야 할 가장 중요한 일은 예수님이 하시던 일을 계속하는 것입니다. 이것이 바로 그리스도인의 삶이어야 합니다.

11. 고린도후서 6장 14절을 읽어 보세요. 누구와 멍에를 같이 메지 말라고 합니까?

이 말씀은 믿지 않는 자에게 복음을 전하지 말라는 것이 아

닙니다. 우리들의 꿈, 인생의 목표가 믿지 않는 자들과 다르다
는 것입니다. 우리들의 삶의 목표는 그리스도와 함께 사는 삶입
니다. 우리 인생의 궤도가 수정된 것입니다. 우리는 이 땅의 것
을 구하는 세상 멍에 아래 있지 않습니다. 우리는 하나님 나라
를 구하는 예수님의 멍에 아래 있습니다. 주님과 함께 살면서
우리가 하고 싶은 일만 하고, 가고 싶은 곳만 갈 수는 없습니다.
'주님과 함께'라는 말은, 주님께 먼저 물어보고, 주님이 가르쳐
주신 곳(목적지)으로, 주님이 이끄시는 곳으로 따라가는 것을 말
합니다. 어떤 분야에서든지 세상의 인정을 구하는 그리스도인
이 아니라 하나님의 나라와 영광을 추구하는 그리스도인이 되
는 것이 그리스도와 함께하는 삶입니다.

그리스도와 함께 우리는 거룩한 삶을 배웁니다.[9]

12. 골로새서 3장 3-8절을 읽어 보세요. 이 말씀은 주님과 함께 동행
    하며 사는 사람들이 배워야 할 원리 원칙을 말하고 있습니다. 그 원
    리 원칙은 무엇인가요?

본문은 우리에게 음란, 부정, 사욕, 악한 정욕, 탐심을 죽이
라고 말합니다. 특별히 이 말씀은 음란을 우상 숭배에 비유하는
데, 그 이유는 음란이 다른 사람을 희생시켜 자아의 만족을 추

구하기 때문인데, 이는 결국 탐심과 정욕이 음란으로 이어져서, 하나님을 예배하는 대신 하나님을 보좌에서 밀어내고 나를, 내 욕심을 숭배하게 됩니다.[10] 예수님과 동행하는 길은 매일의 삶 속에서 탐심을 죽이고 절제가 살아나도록 하는 것입니다. 나의 우상 숭배가 죽고 나의 예배가 살아나야 합니다.[11]

그리스도와 함께 산다는 것은 경건한 삶에 익숙해져 가는 것입니다. 성화는 매일 믿음의 선한 싸움을 통해서 하나님께서 이루어 가시는 것입니다. 때로는 힘들지만 예수님과 함께 그 길을 걸어가는 사람에게 주시는 은혜는 평안입니다.

그리스도와 함께 우리는 축복된 만남을 갖습니다.[12]

13. 골로새서 3장 8-10절을 읽어 보세요. 우리의 인간관계 중에서 버려야 할 것들은 무엇인가요?

그리스도와 함께하는 우리의 만남은 하나님의 선물입니다. 곧 분함, 노여움, 악의, 비방, 거짓말을 버리고 다른 사람이 진정으로 주님 안에서 잘되기를 바라는 선한 마음을 구해야 합니다. 성도의 교제는 바로 그리스도와 함께하는 교제입니다. 그리스도와 함께 있다는 것은 서로 비방하는 공동체 안에 섞이지 않는다는 것입니다. 반대로 그리스도에게 영향을 받아 우리의 언행

이 정직하고 진실하고 덕스럽게 길들여지는 사람이 되어 가는 것입니다. 그럴 때 우리는 하나님의 약속대로 서로에게 축복의 통로가 될 것입니다.

그리스도와 함께 우리는 인생의 문제를 대하는 태도가 바뀌게 됩니다.
14. 마가복음 5장 18-20절을 다시 한 번 읽어 보세요. 거라사의 광인은 예수님을 떠나 어디로 갔나요? 성경에는 나와 있지 않지만, 한 번 생각해 보세요. 이 일 이후에 거라사 광인은 예수님과 동행하는 삶을 살았을까요? 또다시 인생에서 어려움을 만났을 때 어떻게 행동했을까요?

우리는 문제를 만나면 마치 세상에 혼자인 것처럼 느낄 때가 있습니다. 우리는 깨어나야 합니다. 그리스도가 우리 안에 계시고, 그리스도가 우리와 함께 걸으십니다. 우리는 이제 혼자가 아니라 그리스도와 함께 고난을 통과해야 합니다. 이것이 인생입니다. 오병이어의 기적을 기억하십니까? 남자만 오천 명을 먹여야 하는 현실 속에서 빌립은 돈부터 계산하지, 예수님이 함께 하신다는 걸 깨닫지 못했습니다. 이런 현실 속에서 오병이어는 그야말로 초라한 해결책처럼 보입니다. 이는 마치 사르밧 과부가 엘리야에게 차려주었던 초라한 밥상과 같습니다. 남은 것이

별로 없는 인생입니다.

그러나 주님이 함께하신다는 것을 아는 순간 인생과 역사는 바뀝니다. 우리 모두는 고통 앞에 서 있습니다. 다만 크기와 내용이 다를 뿐입니다. 이때 차이는 한 가지입니다. 주님의 함께하심을 볼 줄 아는 소년이 될 것인가? 아니면 주님의 제자라고 말하면서 주님을 깨닫지 못하는 빌립이 될 것인가? 제임스 패커(James I. Packer) 교수는 89세에 실명해 가면서 이런 고백을 나눕니다. "비록 시력을 잃었지만 여전히 그리스도를 보고 있습니다"(On Losing Sight But Seeing Christ).[13] 이 고백이 영국인의 불굴의 정신에서 나온 것입니까? 아니면 수십 년간의 성화의 훈련을 통해서 나온 고백입니까? 하나님은 "항상 기뻐하라"고 말씀하십니다. 하나님은 이 말씀을 우리에게 요구하실 만큼 크신 분입니다.

'예수동행'은 예수 그리스도가 이루신
놀라운 구원의 역사에 동참하는 것입니다.
또한 '예수동행'은 어려운 현실을 헤쳐 나가는
삶의 원동력입니다.

'그리스도와 함께'란, 현실 속에서 우리가 모든 상황을 그리스도와 함께 풀어 나가기 시작했음을 말합니다. 우리가 예수님을 믿었다고 해서 우리가 처한 상황이, 세상의 현실이 바뀌는 것은 아닙니다. 예수님은 염려와 근심이 있을 수밖에 없는 이 세상에서 우리가 믿음으로 그리스도와 함께 현실을 살아가는 법을 배우기 원하십니다.[14] 이제는 자기중심적인 '나 홀로'의 옛 생활을 버리고, 그리스도와 시작하는 '함께'의 새 생활을 누리는 것입니다.

어떤 그리스도인은 돈 문제가 생기는 순간 그리스도가 전혀 없는 사람처럼 행동합니다. 어떤 이는 자신에게 명예나 지위가 주어지지 않는 순간 30년의 신앙이 무너지기도 합니다. 현실에 어려움만 생기면 마치 신앙이 없는 사람처럼 행동하기도 합니다. 이런 삶은 주님이 기뻐하시는 삶이 아닙니다. 그리스도와 함께 사는 삶은 꾸준한 연습이 필요합니다. 현재 당신의 삶의 영역에서 그리스도와 함께 사는 연습이 특별히 필요한 영역은 무엇입니까?

주님, 우리는 약합니다. 가진 게 아무것도 없는 것처럼 느껴집니다. 하지만 그리스도와 함께 있으면, 약함이 약함으로 끝나지 않는다는 걸 압니다. 주님, 아무것도 없는 자 같으나 모든 것을 가진 자로, 항상 기뻐하고, 범사에 감사하는 삶을 살게 해 주십시오. 상황이 바뀌지 않아도 모든 일을 그리스도와 함께 풀어 가는, 승리하는 성도가 되게 하옵소서.

◇◇◇◇◇

"긍휼이 풍성하신 하나님이 우리를 사랑하신 그 큰 사랑을 인하여

허물로 죽은 우리를 그리스도와 함께 살리셨고

(너희는 은혜로 구원을 받은 것이라)

또 함께 일으키사 그리스도 예수 안에서 함께 하늘에 앉히시니"

엡 2:4-6

제6장

예수목적 目的, Unto Christ

다른 사람의 집을 청소해 주는 일을 하는 여자분이 이런 질문을 받았습니다. 당신이 구원받고 회심했다는 걸 어떻게 알 수 있습니까? 그러자 그분이 이렇게 대답했습니다. "제가 일을 할 때, 전에는 먼지를 장판 밑으로 쓸어 넣었지만 지금은 그러지 않고 다 모아 치웁니다."[1]

그녀에게 바뀐 것이 있습니다. 무엇을 위해 일하는가? 누구를 위해 사는가? 그 동기가 바뀌었습니다. 그래서 일하는 자세도 바뀐 것입니다.

예수님을 믿으면 하나님의 자녀가 되고 영생을 얻는다는 것은 누구든지 압니다. 그러나 예수님을 믿으면 내 삶의 어떤 부분이 바뀌게 되는 걸까요? 당신은 예수를 믿고 무엇이 변했습니까? 사람을 대하는 태도가 바뀌었습니까? 가족을 대하는 태도가 변했습니까? 당신이 무슨 일을 할 때 가장 중요한 '동기'는 무엇입니까?

‘예수목적’(Unto Christ)은 그리스도가 내 삶의 동기가 되는 것을 의미합니다. 그리스도가 나의 삶의 동력이 되어서 무슨 일을 하든지 주님의 영광을 위해 하는 삶, 즉 내 삶의 동기를 그리스도로 삼는 것이 ‘예수목적’의 신앙입니다.

— ‘예수목적’은 예수님이 내 삶의 동력이 되는 것을 의미합니다.

예수님을 구주로 믿고 구원의 감격을 누리게 된 사람이 있습니다. 그런데 그 사람이 여전히 친구들과 술 먹고 죄짓는 자리로 달려가고 싶어 한다면, 이 사람에게 구원이란 무슨 의미일까요? 그리스도가 내 안에 계시다는 사실이 내 인생에 아무런 변화를 주지 못하는 이론에 불과하다면, 구원도 그저 이론에 그치고 말 것입니다. 하지만, 우리가 받은 구원은 그렇지 않습니다. 예수님이 내 안에 거하신다면 내 삶의 방향을 바꿔야겠다는 마음이 시작됩니다. 그러한 마음이 흔들린다고 해서 믿음이 사라진 것은 아닙니다. 다시 주님을 바라보십시오. 전에는 나의 욕망이 나를 움직이는 동력이었다면, 이제는 그리스도가 우리 삶의 동력입니다.

1. 골로새서 3장 17절 말씀을 읽어 보세요. 그리스도인을 움직이는 동

력은 무엇인가요?

'예수목적'은 그리스도가 내 삶의 동기가 되는 것입니다. 꿈도, 열정도, 일도, 관계도, 그 방향이 그리스도를 향하는 것입니다. 우리는 어떤 일을 하든지 "왜 이 일을 하고 있는가?"에 대한 동기가 달라지면 삶이 달라집니다. 이 장의 서두에서 얘기한 청소부 여인의 경우를 봅시다.[2] 그분이 먼지를 장판 아래로 쓸어 넣을 때는 다만 돈을 위해서, 돈을 향해서 일했습니다. 그러나 구원을 받은 후에는 그 집을 정직하게 깨끗이 청소하는 게 목적이 되었습니다. 자신이 청소하는 그 집을 예수님이 쓰실 집처럼 생각하는 마음인 것입니다. 당신은 어떻습니까? 무엇이 당신 안에서 가장 강하게 역사합니까?

2. 골로새서 3장 23절을 읽어 보세요. 남편과 아내는 서로 어떻게 대해야 할까요? 부모와 자식은 서로 어떻게 대해야 할까요? 직장에서 동료와 상사는 서로 어떻게 대해야 할까요?

골로새서 3장 23절은 우리에게 "무슨 일을 하든지 마음을 다

하여 주께 하듯" 하라고 말씀하십니다. 'Unto Christ', 이 단어를 직역하면 '그리스도를 향해'라는 뜻입니다. 무슨 일을 하든지 그리스도를 향하여 하라는 것입니다. 이것이 성경이 말하는 그리스도인의 삶입니다.

3. 베드로전서 1장 23-25절 말씀을 읽어 보세요. 우리는 무엇으로 말미암아 거듭났습니까?

당신은 예수님을 믿고 삶에 조금이나마 변화가 일어났습니까? 아니면 전혀 일어나지 않았습니까? 옥수수 씨를 땅에 심었는데 아무런 징후가 없다면 그 씨는 생명 없는 가짜입니다. 옥수수가 강하든 약하든 어쨌든 땅을 뚫고 나와야 정상적인 씨인 것입니다. 하나님의 말씀도 마찬가지입니다. 썩어지지 아니할 씨, 곧 하나님의 말씀이 우리에게 뿌려졌습니다. 그러면 당연히 말씀의 싹이 트고 열매가 맺혀야 합니다. 바로 베드로가 그랬습니다. 처음에 그의 말과 열심은 자기중심적이었지만, 시간이 지나면서 그는 점점 그리스도 중심이 되었습니다. 사도 바울은 어떻습니까? 그는 율법만을 가르치던 바리새인이었습니다. 그러나 그가 예수님을 만나고 나서, 모든 방향이 그리스도께로 향하기 시작했습니다. 그래서 그는 한 영혼을 만날 때 주님을 만나

는 것처럼 대하려고 평생을 노력한 사람이 되었습니다.

— '예수목적'은 내 삶의 태도가 변화되는 것을 의미합니다.

구원은 천국행만 보장하는 선물입니까? 아니면 내 인생 전체에 영향을 미치는 것입니까? 하나님이 주신 구원은 부분적 구원이 아니라 총체적인 구원이며, 내 인격과 인생 전체에 영향을 끼치는 구원입니다. 그러므로 우리는 무엇을 하든지 주께 하듯 해야 합니다. 물론, 이런 태도는 하루 아침에 완성되지는 않습니다. 이것은 습관이며 태도이고, 따라서 지속적으로 일어나는 마음의 변화입니다. 갈등이 있는 삶의 현장에서 주님을 바라보며 기도할 때, 우리 안에 계신 예수 그리스도로 인해 이러한 삶의 변화가 일어납니다. 특별히 교회 안에서의 태도, 세상 속에서의 태도, 그리고 마음에 대한 태도의 변화가 일어납니다.[3]

교회 안에서의 태도

초대 교회 시절에는 고기를 먹는 일이 중요한 쟁점으로 떠오른 적이 있었습니다. 그 당시 시장에서 파는 고기 중에는 우상에게 바쳐졌던 고기들이 있었기 때문에, 그 고기를 먹는 게 신앙생활의 걸림돌이 되기도 했습니다.

4. 고린도전서 8장 4-6절과 마가복음 7장 19절 말씀을 보세요. 우상

은 무엇이라고 기록되어 있나요? 우상에게 바쳐진 고기는 어떻게 해야 하나요?

성경은 구약 시대에 규정했던 정한 것과 부정한 것에 대한 구별이 끝났다고 말합니다(막 7:19). 모든 음식물이 깨끗하다고 말합니다. 그러므로 믿음이 강한 사람들은 우상에게 바쳐졌던 음식을 먹어도 신앙 양심에 별 문제가 되지 않았습니다. 왜냐하면 우상이 가짜인 것을 알기 때문입니다. 그러나 믿음이 연약한 사람들은 그런 확신이 없었습니다. 우상을 숭배하다가 예수를 믿게 된 사람들은, 다시는 우상 숭배에 쓰였던 음식을 먹고 싶지 않아서 그런 고기를 먹을 때 마음에 거리낌이 있었습니다.[4]

현대 성도들 사이에도 이런 종류의 편견이 존재할 수 있습니다. 그리고 이런 편견이 다른 사람을 판단하고 정죄하는 기준이 될 수 있습니다. 이런 상황에서 바울은 아주 중요한 말씀을 고린도 교회에 제시합니다.

5. 로마서 14장 1-3절 말씀을 읽어 보세요. 고기를 먹지 못하는 연약한

자 또는 고기를 먹는 강한 자를 교회 안에서 각각 어떻게 대하라고
말하나요? 왜 그렇게 대하라고 하나요?

바울은 지금 목회적인 문제를 신학적으로 다루고 있습니다.[5]
어느 쪽 편을 들지도, 그렇다고 두루뭉술하게 서로 잘 지내라고
결론을 맺지도 않습니다. 오히려 신학적으로 중요한 한 가지 주
제를 다룹니다. 그러면서 음식 문제가 교회의 연합을 방해해서
는 안된다고 말합니다.

6. 그 이유를 로마서 14장 5-10절에 기록하고 있습니다. 우리는 누구
   를 위해서 먹습니까? 또 누구를 위해서 먹지 않습니까?

예수님이 우리를 위해 죽었다가 다시 사신 것은 우리의 '주
가 되려 하심'이라고 선포합니다. 다시 한 번 '예수주권'을 확인
해 주는 것입니다.[6] 그리스도 아래에서 이런 삶을 선택했다는
것입니다. 그리스도를 향해 살아가고 있는 증거라는 것입니다.

7. 로마서 14장 15절과 고린도전서 8장 8-9, 13절 말씀을 읽어 보세

요. 바울은 고기를 먹든 먹지 않든 그것을 결정하는 원칙이 무엇이라고 말하나요? 따라서 바울은 믿음이 연약한 자들을 위해서 어떻게까지 할 수 있다고 말하나요?

교회 안에서 우리가 그리스도를 향해 살아간다면, 형제자매를 대하는 동기도 사랑이 됩니다. 그때 놀라운 일이 일어나는데, 그리스도의 사랑 때문에 자신의 자유를 자발적으로 제한하게 됩니다. 곧 그리스도인의 사랑은 그리스도인의 자유를 제한하게 되는데, 그리스도인의 공동체에서 좋은 관계를 맺을 수 있는 비밀이 여기에 있습니다.[7] 그리스도인은 마음에서 형제자매를 판단하고 정죄할 만한 일이 있더라도, 오히려 그 사람을 이해하고 세워 주는 자리로 나아갑니다.

세상 속에서의 태도

8. 골로새서 3장 22절부터 4장 1절을 읽어 보세요. 일하는 피고용인과 일을 맡기는 고용인이 서로에게 어떤 태도로 일해야 한다고 기록되어 있나요?

식당을 운영하는 사람이 손님을 대할 때 주님을 대하듯이 한다면 식당을 운영하는 방법이 많이 달라지지 않겠습니까? 이것이 그리스도인의 기업이 아닐까요? 이것이 우리 삶의 전 영역에서 일어나는 진정한 구원이 아닐까요? 우리가 반드시 기억해야 할 사실은, 우리는 궁극적으로 사람이 아니라 하나님께 상급을 받을 자들이라는 것입니다.[8] 우리에게 구원의 모양은 있으나 삶 속에서 구원의 영향력이 나타나지 않는다면 우리는 잘못된 열매를 맺고 있는 것입니다.

9. 이사야 5장 2절을 읽어 보세요. 무슨 나무를 심었는데 무슨 열매를 맺었습니까?

나무는 극상품 포도나무인데 열매가 다르다는 것입니다. 이것이 우리가 범할 수 있는 영적인 실수입니다. 우리는 경건의 모양은 있는데 경건의 능력은 없는 자가 될 수 있습니다(딤후 3:5). 복음을 삶 속에서 살고 있지 않기 때문입니다. 욕심이 말씀의 능력을 제한하는 삶에 너무나 익숙해져 있기 때문입니다. '예수목적', 그리스도를 향하여, 이 주제는 이런 삶을 바꾸어 보자는 것입니다. 단순해 보이지만 평생에 중요한 일입니다. 우리 삶의 모든 일들을 예수 그리스도를 향해 행하고자 애쓸 때, 그래서 점점 그런 삶으로 채워져 갈 때, 우리의 삶에서 그리스도의 향기가 나게 됩니다.

마음에 대한 태도

10. 골로새서 3장 23절을 다시 한 번 읽어 보세요. 우리가 어떤 일을 할 때 무엇을 다하여 주께 하듯 하라고 말합니까?

---

11. 역대하 25장 1-2절 말씀을 읽어 보세요. 아마샤왕의 문제점은 무엇이었습니까?

아마샤는 출근부에 도장을 찍고 규칙을 따르며 해야 할 일을 비교적 꼼꼼하게 행한 것 같습니다. 그러나 온 마음을 쏟지는 않았습니다. 형식적인 순종이 아니었을까요? 마음을 다한다는 것은 어떤 의미일까요? 이것을 두 단어로 표현한다면 희생과 기쁨일 것입니다. 기쁨으로 자신을 드리는 것이 마음을 다하는 것입니다. 결국 신앙의 길이란 주님을 향한 마음이 점점 자라 가는 것이 아니겠습니까? 그리스도인은 예수님 때문에 움직일 때 가장 탁월해지고,[9] 예수님 때문에 움직일 때 가장 아름다

워지고, 예수님 때문에 움직일 때 가장 크게 영향력을 끼치게
됩니다.

— '예수목적'의 삶은 예수 그리스도를 향해 모든 것을 행하는 삶
입니다.

그리스도를 향해 산다는 것은 예수님이 내 삶에서 모든 일의
동기가 된다는 말입니다. 그것은 무슨 일을 하든지 서로에게 주
께 하듯 대하는 것입니다. 예를 들면 고용인과 피고용인, 교사와
학생, 손님과 직원 등의 모든 관계에서 우리가 그리스도께 하듯
서로를 대할 때, 그 동기는 그리스도인을 그리스도인답게 합니
다. 그러므로 신앙의 길이란, "날마다 주님의 얼굴을 구하고 기
도로 내 삶과 일을 그분께 가져가는 훈련"입니다.[10]

<table>
<tr><td>적용 Application</td></tr>
</table>

당신의 관계들을 생각해 보세요. 부부 관계, 부모와 자녀의
관계, 친구 관계, 직장에서의 관계, 이웃과의 관계 등을 생각해
보세요. 예수님을 믿은 후 이러한 관계들에 변화가 있습니까?
당신은 교회 안에서 믿음이 연약한 자들을 사랑으로 대하고 있
습니까? 주님께 하듯 마음을 다해 이들을 대하고 있습니까? 자
신을 다시 한 번 점검해 보고 '그리스도를 향해' 살기 위해서 오

늘 결단할 일들을 생각해 보세요.

나의 가정, 일터, 교회, 그리고 세상에서의 만남 속에서 모든 일을 주께 하듯 하려는 하나님의 제자 훈련, 그리스도의 제자 훈련, 성령의 제자 훈련, 말씀의 제자 훈련을 날마다 받게 하옵소서. 세상의 제자 훈련을 받는 자가 되지 않도록 깨어 있게 하옵소서.

내 삶의 모든 동기가 그리스도가 되도록 다스려 주옵소서.

◇◇◇◇◇

"무슨 일을 하든지 마음을 다하여 주께 하듯 하고

사람에게 하듯 하지 말라"

골 3:23

제7장

예수전부 全部, For Christ

우리는 중요한 결정을 내려야 할 때 그 '이유'를 잘 생각해야 합니다. 예를 들어 우리가 한 나라를 떠나 다른 나라로 이주 하기로 결정할 때는 그만한 '이유'가 있습 니다. 왜 그 나라로 이주를 결정했나요? 이주의 목적을 어느 정도 이루셨나요? 신 앙생활도 마찬가지입니다. 여러분은 왜 예수님의 가르침과 삶을 좇아가려 하나 요? 왜 예수님처럼 살려고 애쓰나요? 그 '이유'가 무엇인가요?

'예수전부'(For Christ)는 그리스도를 향한 우리의 헌신을 의미합니다. 그리고 그 헌신의 동기는 우리를 강권하시는 예수 그리스도의 사랑입니다.

'예수전부'는 '그리스도를 위하여'라는 말로, '헌신'을 의미합니다. 현대 사회에서는 믿음을 가볍게 여기는 사람들이 점점 많아지고 있습니다. 예수를 머리로만 믿을 뿐, 그 삶은 주님께 헌신하지 않는 태도가 점점 만연해 있습니다. 믿음은 우리의 인생 전체를 예수님께 드리는 선택입니다. 따라서, 예수님을 믿기로 결정할 때는 잘 계산해 보고 믿으시기 바랍니다. 당신의 인생 전체를 걸 만한 가치가 있다고 생각할 때 믿는 것이 기독교 신앙입니다. 당신은 왜 예수님께 '헌신'하십니까?

1. 고린도후서 5장 14-15절을 읽어 보세요. 사도 바울은 예수님에 대해 지적인 동의(Intellectual Consent)만 하고 있나요? 아니면 그 이상의 것을 말하고 있나요? 사도 바울의 삶은 누구를 위한 것이라고 말하나요?

2. 바울은 고린도후서 5장 14절에서 자신의 인생을 하나님께 바치는 이유를 명확히 설명합니다. 그가 말하는 이유는 무엇인가요?

사도 바울은 자신의 인생을 하나님께 바친 이유를 그리스도께서 자신에게 베풀어 주신 큰 사랑 때문이라고 설명합니다.[2] 이 말은 우리의 믿음이 단순한 헌신을 넘어 어떠해야 하는지를 밝혀 줍니다. 우리가 왜 하나님께 헌신하는지에 대한 명쾌한 답변이 없으면, 죄성을 가진 우리 인간들은 헌신의 목적이 사람 앞에 보이려는 경쟁심으로 전락할 수 있습니다. 기독교 신앙은 내가 세상에서 잘되기 위해 하나님을 이용하는 것이 아니라, 내가 받은 사랑이 얼마나 큰지 알기 때문에 내 인생을 하나님께 드리는 것입니다.

3. 고린도후서 5장 14-15절을 보면, 그리스도의 사랑 때문에 바울의 인생이 완전히 바뀐 것을 알 수 있습니다. 도대체 그 사랑은 어떤 사랑이기에 한 사람의 인생을 완전히 바꾸어 놓았을까요?

그리스도의 사랑은 우리를 위해 죽으신, 그리고 우리를 위

해 다시 살아나신 놀라운 사랑입니다. 그리스도는 마땅히 죽어야 할 죄인인 우리를 대신해서 사랑으로 죽으셨고, 그 죽으심으로 우리의 죗값을 다 치르셨습니다. 그리하여 죄 때문에 심판받아 마땅한 나의 옛사람은 예수님과 연합하여 예수님의 죽음 안에서 함께 죽었습니다. 또한 그리스도는 부활을 통해 우리에게 최고의 선물을 주셨으니, 바로 부활이요 영생이요 천국입니다. 우리의 행위와 노력으로는 절대로 얻을 수 없는 이 구원은 오직 하나님께서 은혜로 주신 선물입니다.

이제 우리는 하나님의 자녀가 되어 하나님 아버지 집에서 영원히 살게 되었습니다. 우리가 주님을 얼굴과 얼굴을 맞대고 만나는 날, 우리는 세상에서 감사하지 못한 것, 고난 때문에 주님을 원망했던 것, 그리고 그 놀라운 선물을 주신 하나님을 위해 더 열심히 살지 못한 것을 후회하지 않을까요? 우리가 예수님의 사랑과 희생, 그리고 구원을 선물로 주신 하나님의 은혜를 안다면 얼마나 주님을 위해 살아야 할까요?

4. 로마서 14장 8절을 읽어 보세요. 바울은 자신이 누구의 것이라고 고백하나요? 고린도후서 5장 15절을 다시 읽어 보세요. 바울은 우리가 누구를 위해 헌신하며 살아야 한다고 고백하나요?

바울은 이렇게 사랑의 복음을 깊이 깨달았기 때문에 예수님께 자신의 인생을 드릴 수 있었습니다. 그래서 바울은 로마서 14장 8절에서 "우리가 살아도 주를 위하여 살고 죽어도 주를 위하여 죽나니 그러므로 사나 죽으나 우리가 주의 것이로다"라고 고백했습니다. 또 고린도후서 5장 15절에서 바울은 예수님이 죽으시고 다시 사신 이유가 "살아 있는 자들로 하여금 다시는 그들 자신을 위하여 살지 않고 오직 그들을 대신하여(위하여) 죽었다가 다시 살아나신 이를 위하여 살게 하려 함이라"고 말합니다. 이렇게 믿음이란 우리가 받은 사랑이 얼마나 큰지를 알기 때문에 우리의 인생 전체를 그리스도께 드리는 선택입니다.

— '예수전부'는 그리스도께 순종하고, 그리스도를 증거하며, 인생의 목적을 오직 하나님의 영광에 두는 삶입니다.

우리가 하나님께 받은 큰 사랑 때문에 우리의 인생 전체를 그리스도께 드리는 선택이 믿음이라면, 그리스도를 위해 산다는 것은 구체적으로 어떤 삶일까요?

'예수전부'는 그리스도께 순종하는 삶입니다.

5. 요한복음 14장 15, 21절 말씀을 읽어 보세요. 우리가 그리스도의 사랑 때문에 예수님께 헌신했다면, 그 헌신은 구체적으로 어떻게 나타나야 할까요?

예수 그리스도를 위해 산다는 것은 그리스도의 사랑 때문에 순종의 길을 걷는 것입니다.[3] 우리의 헌신의 동기가 그리스도의 사랑이라면, 그 사랑이 나를 강권한다면, 그 열매는 순종이어야 합니다. 먼저는 주님의 계명에 순종하는 것입니다. 우리는 구원을 받을 목적으로 계명을 지키지는 않습니다. 아무도 행위로는 구원을 얻을 자가 없습니다. 하지만 우리가 하나님의 은혜를 잊지 않는다면 하나님 말씀에 순종하는 길을 걷게 될 것입니다.

6. 요한복음 4장 34절을 읽어 보세요. 우리가 매일의 양식으로 삼아야 할 것은 무엇입니까?

우리는 어떤 일을 할 때 그 동기가 무엇인지 곰곰이 생각해야 합니다. 요한복음 4장 34절에 "예수께서 이르시되 나의 양식은 나를 보내신 이의 뜻을 행하며 그의 일을 온전히 이루는 이것이니라"고 말씀하십니다. 우리는 속으로 부나 명성 등 이기적인 야망을 추구하면서, 겉으로는 그럴듯한 명분으로 아름답게 포장하는 경우가 많기 때문입니다. 심지어 교회 생활에서도 겉모습은 하나님의 일을 하는 것 같지만 그 속의 동기는 자신의 욕심을 채우려는 경우가 종종 있습니다. 우리는 그렇게 욕심으로 봉사하는 자리를 떠나서, 오직 그리스도의 그 큰 사랑 때문

에 말씀에 순종하는 삶을 살아야 합니다. 이것이 '예수전부'의 삶입니다.

'예수전부'는 그리스도를 증거하는 삶입니다.

7. 마태복음 28장 18-20절과 고린도후서 5장 20-21절을 읽어 보세요. 주님께서 우리에게 부탁하신 것은 무엇인가요? 이 말씀에 따르면, 우리가 그리스도를 위하여 산다는 의미는 무엇인가요?

예수 그리스도를 위해 사는 삶은 그리스도를 증거하는 삶입니다.[4] 고린도후서 5장 20-21절을 보면 그리스도인을 주님의 대사(ambassador)로 표현합니다. 이 말씀에 비추어 보면, 그리스도를 위한 삶이란, 우리에게 부탁하신 지상명령(마 28:19-20)을 주님 오시는 날까지 열심히 감당하는 삶입니다. 예수님은 한 영혼이 천하보다 귀하다고 말씀하십니다. 따라서 그리스도를 위하여 사는 삶은, 우리의 친구와 이웃들, 그리고 타문화권에 이르기까지 복음을 전하는 삶입니다.[5]

여기서 중요한 것은, 전도와 선교는 과제 중심(Task-oriented)이 아니라 사랑 중심(Love-oriented)이어야 합니다. 성경에 보면, 하나님과 우리의 관계를 입양으로 설명하는 내용이 있습니다. 입양은 100% 부모가 주도하는 것이며, 아이는 처음부터 끝까지 아무런 관여를 할 수 없습니다. 이렇게 아이는 자신을 평생 길러 주고 키워 주고, 나중에 유산까지 물려줄 부모를 만나는 것입니다. 이것이 복음입니다. 이것이 기독교의 핵심인 사랑 이야기입니다. 우리가 복음을 전하는 이유는 모든 것을 잃어버릴 수밖에 없는 우리들이 영원한 천국의 자녀로 입양된 기쁨, 감사, 그 은혜에 대한 사랑에서 나옵니다. 그리스도의 사랑을 먼저 받은 우리는, 그 사랑을 전하는 전도와 선교에 어떤 형태로든 동참해야 합니다. 이것이 그리스도를 위하여 사는 삶입니다.

'예수전부'는 인생의 목적을 오직 하나님의 영광에 두는 삶입니다.

릭 워렌의 책,《목적이 이끄는 삶》(디모데 역간)에서는 노스이스턴 주립대학교의 철학과 교수였던 휴 무어헤드(Hugh Moorhead)가 지식인 250명을 대상으로 '삶의 목적이 무엇인가?'에 대한 설문 조사를 한 내용을 소개하고 있습니다. 이 설문 조사에서 지식인 대부분이 삶의 목적을 모른다고 대답했다고 합니다. 왜 심리학자, 철학자, 전문가들도 삶의 목적을 모르는 것일까요? 그 이유는 우리가 우리 자신을 만들지 않았기 때문입니다.[6]

8. 에베소서 2장 10절 말씀을 읽어 보세요. 우리 인생의 목적은 무엇인가요?

예수 그리스도를 위하여 산다는 것은, 우리 인생의 목적을 하나님의 영광을 드러내는 것으로 재조정하는 것입니다. 그리스도를 위해 산다는 것은 한 사람의 정체성이 바뀌는 것입니다. 예수님 없이 살던 사람이 예수님으로 채워질 때, 그 인생은 더 이상 자신의 것이 아니라 예수님의 것으로 바뀝니다. 그리고 우리는 인생의 초점을 하나님의 영광에 맞추게 됩니다. '예수전부'의 삶이란, 무슨 일을 하든지 내 인생을 통해 하나님의 꿈이 드러나는 삶을 말합니다.

이것을 목적으로 사는 사람은 직업관에 변화가 일어납니다. 더 이상 돈을 벌기 위해, 혹은 성공하기 위해 일하는 것이 우선순위가 아니라, 이제는 직장에서 하나님의 나라와 영광을 위하여 일하는 것이 최우선입니다.

9. 예수님을 믿기 전에 당신의 인생의 목적은 무엇이었습니까? 당신은 하나님께서 주신 꿈(소명)이 있습니까? 당신의 삶의 현장, 곧 가정, 직장 등에서 그 소명은 어떻게 실현될 수 있습니까?

많은 사람들이 믿음을 가지고 나면 비전이 무엇이냐고 묻습니다. 비전은 하나님이 주신 꿈입니다. 하나님을 위해 살고 싶은 소원입니다. 그렇다면 그 비전은 우리의 일터, 가정생활, 우

리의 인생 행로와 어떤 관계가 있을까요? '예수전부'의 삶에서
는 내 직업, 내 가정, 내 인생이 하나님의 비전을 이루는 통로가
됩니다. 이것이 그리스도인의 직업관이고 인생관입니다.

모든 사람이 예수님을 믿은 후에 직업을 바꾸거나 포기해야
한다는 의미가 아닙니다. 물론 어떤 경우에는 직업을 바꾸도록
부르심을 받기도 하지만, 보편적으로는 그 직업의 목적이 바뀝
니다. 이전에는 돈을 벌기 위해, 성공하기 위해, 그저 잘살기 위
해, 사회에 어느 정도 기여하기 위해 직장 생활을 했다면, 예수
님을 믿고 하나님의 자녀가 된 후에는 하나님의 영광이 직장 생
활의 목적이 되어야 합니다. 나의 직업, 내 가정, 내 인생 여정이
하나님의 영광을 드러내는 도구가 되도록 재정비해야 합니다.
이것이 그리스도를 위하여 사는 삶입니다.

10. 시편 127편 3-5절을 읽어 보세요. 젊은 자의 자식을 무엇에 비유
하고 있나요? 당신은 자녀 양육의 목적이 무엇인가요?

자식은 하나님이 주신 기업이며 축복이고, 특별히 젊은 자의
자식은 장사의 수중에 있는 화살과 같다고 합니다. 그래서 원수
와 대면할 때도 수치를 당하지 않을 거라고 말합니다. 그렇다면
우리는 이 자녀들을 무엇을 위해서 키워야 할지 고민해야 합니

다. 그저 세상에서 성공하는 사람이 되도록 양육할 것인지, 아니면 자신의 일터와 삶의 터전에서 하나님의 복음을 전파하는 사명을 감당하는 사람으로 양육할 것인지를 말입니다. '예수전부'의 삶은 우리들의 인생 전부가 예수님께 포함되는 삶을 말합니다. 따라서 우리의 자녀들도 그리스도를 위해 양육해야 합니다.

우리가 그리스도의 복음과 사랑에 젖어 있으면,
우리는 주님께 헌신하게 됩니다.
그리고 우리 인생의 목적이 그리스도가 되기
때문에, 가정과 일터에서도 그리스도를 위한
삶은 어떠해야 하는지 고민하게 됩니다.
'예수전부'의 삶은 '부분'적인 헌신의 삶이
아닙니다. 말 그대로, 그리스도가 내 인생의
'전부'가 되는 삶입니다.

예수님을 믿는다는 것은 생각과 말로만 믿는 것이 아니라, 살아도 주를 위하여 살고 죽어도 주를 위하여 죽는 삶을 말합니다. '예수전부'의 삶은 인생 전체를 헌신하는 삶입니다. 따라서 우리가 예수님을 믿기로 작정할 때는 예수님이 내 인생 전부를 받으실 만한 분인지 진지한 고민이 있어아 합니다. 우리가 그리스도의 그 크신 사랑에 흠뻑 젖을 때, 우리는 그 사랑에 감사하며 그리스도를 위해 살게 됩니다. 그리스도의 사랑이 너무 감사해서 먼저 사랑을 받은 자로서 그 사랑을 우리의 자녀에게, 친구에게, 직장 동료에게 그리고 사회에 흘려보내는 것입니다. 그럴 때 우리는 자신을 위해서가 아니라 오직 주님의 영광을 위해서 사는 '예수전부'의 삶을 살게 됩니다. 당신의 인생의 목적은 무엇입니까? 주님은 당신의 인생에서 얼마나 중요한 분입니까? 주님은 당신의 '전부'입니까? 아니면 '일부'입니까?

1. 당신은 진심으로 그리스도를 위해 살고 싶은 소망이 있습니까? 그렇다면 어떻게 구체적으로 삶 속에서 행하기를 원하십니까?

2. 당신의 삶 속에서 자신의 영광만을 위해 사는 영역은 없습니까? 그리스도를 위해 산다는 것은 그리스도를 위해 살지 않는 삶의 영역을 버린다는 의미입니다. 곧, 우리의 가정, 직장, 만남 등 인생 전반이 하나님의 영광을 위한 삶으로 재조정되고, 그에 합당하지 않은 것들은 버리는 것을 의미합니다. 당신이 주님의 영광을 위해 버려야 할 것들이 있습니까? 그러기 위해 기도하며 사는 것이 신앙인의 길입니다.

주님, 나의 봉사와 헌신의 동기가 남에게 인정받는 것이 아니라, 주님의 크신 사랑 때문이길 원합니다. 남들의 인정과 칭찬을 구하는 자가 아니라, 크신 하나님의 사랑에 감격하여 사랑으로 봉사하기 원합니다. 제가 그리스도의 사랑에 흠뻑 젖게 하옵소서. 늘 주님 안에 머물러서 내 안에 하나님의 꿈이 잉태되게 하옵소서. 내 인생의 목표가 성공이 아니라, '내 구주 예수를 더욱 사랑'하는 삶이 되게 하옵소서.

'예수전부'의 삶에 합당하지 않은 내 삶의 영역을 보여 주시고, 그것을 버릴 수 있도록 도와주옵소서. 세상이 주는 소명이 아니라 하나님이 주시는 소명으로, 주님의 영광을 위해 내 모든 삶을 헌신하는 자리로 나아가게 하옵소서.

◇◇◇◇◇

그리스도의 사랑이 우리를 강권하시는도다 우리가 생각하건대

한 사람이 모든 사람을 대신하여 죽었은즉 모든 사람이 죽은 것이라

그가 모든 사람을 대신하여 죽으심은 살아 있는 자들로 하여금 다시는

그들 자신을 위하여 살지 않고 오직 그들을 대신하여 죽었다가

다시 살아나신 이를 위하여 살게 하려 함이라

고후 5:14-15

제8장

예수닮기 性品, Like Christ

아이들이 어릴 때 자주 듣는 말 중에, "아빠 닮았다" 혹은 "엄마를 닮았다"라는 말이 있습니다. 이 말은 부모의 외모를 닮았다는 뜻입니다. 그런데 스무 살이 넘은 청년에게 "부모를 닮았다"라는 말을 쓸 때는 외모 외에 또 다른 의미가 있습니다. 바로 성품을 닮았다는 의미입니다. 당신은 누구를 닮았나요? 그 사람의 어떤 점을, 무엇을 닮았나요? 그렇다면, 영적으로는 누구를 닮아가고 있나요?

‘예수닮기’(Like Christ)는 그리스도를 본받는 삶으로서, 예수님으로 충만한 삶을 의미합니다. 그리스도를 닮아 가는 것을 신학적 용어로는 ‘성화’라고 합니다. 우리의 마음과 생각, 몸과 정신, 즉 삶 전체가 거룩한 예수님을 닮아 가는 삶입니다. 이 성화는 오직 우리 안에 내주(indwelling)하시는 성령으로만 가능합니다. 따라서, 그리스도를 본받는 삶은 예수 충만한 삶이고, 이는 곧 성령 충만한 삶을 말합니다.

— 예수 그리스도를 닮아가는 삶은 우리를 향한 하나님의 소원입니다.[1]

하나님의 자녀로 거듭난 사람에게 하나님이 원하시는 것은, 바로 우리 안에서 하나님의 형상이 드러나는 것입니다.

1. 로마서 8장 29절을 읽어 보세요. 하나님은 우리가 어떤 사람이 되기를 바라시나요?

2. 에베소서 4장 21-24절을 읽어 보세요. 하나님은 우리가 그리스도

인으로 살 때, 버려야 할 것과 취해야 할 것에 대해 말씀하십니다. 그
것들은 무엇인가요? 하나님은 왜 우리가 그렇게 하기를 원하신다고
생각하나요?

하나님은 우리가 그리스도의 형상을 본받도록 미리 정하셨
다고 성경은 기록합니다. 에베소서 4장 21-24절에서는 '새사
람'을 입는 것에 대해서 말씀합니다. 하나님께서는 우리가 그리
스도의 장성한 분량에 이르기를 원하십니다. 예수님을 닮아 가
는 과정을 '성화'(sanctification)라고 하며 이 '성화'는 우리를 향한
하나님의 소원이기 때문입니다.[2]

3. 요한일서 2장 6절을 읽어 보세요. 그리스도인은 누구를 따라 행해야
   하나요?

요한일서 2장 6절에서 하나님은 우리가 예수 그리스도께서
사신 삶을 배우기 원하십니다. 성화는 예수님의 생각을 닮아 가
는 것입니다. 그래서 예수님이 하시는 대로 나도 행동하는 것입
니다.[3] 내가 미워할 수밖에 없는 사람을 내 감정대로 미워하는

자리에 머물지 않고, 예수님이 그 사람을 대하시는 대로 닮아 가는 것입니다. 여기서 한 가지 생각해 봐야 할 것이 있습니다. 성화는 구원과 분리된 것일까요? 아니면 구원과 성화와 영화(榮華, glorification; 영광스럽게 되는 것)는 하나의 선물일까요?

4. 로마서 8장 15-17절, 갈라디아서 3장 26절과 4장 6절을 읽어 보세요. 거듭난 사람은 하나님과 어떤 관계인가요?

구원은 은혜로 하나님의 자녀가 되는 권세를 받는 것입니다. 아래의 그림을 보겠습니다.

중요한 것은, 하나님의 자녀가 되는 권세는 죄를 지었다고

잃어버리는 게 아닙니다. 만약 우리가 일시적으로 하나님의 자녀가 되는 권세를 받은 것이라면 그래서 죄를 지으면 잃어버리고 마는 유효 기간이 있는 것이라면, 우리는 두려움으로 하나님 눈치를 보며 살 수밖에 없을 것입니다. 하지만 우리가 받은 구원 안에는 이미 성화의 과정과 영화롭게 되는 부활의 생명이 들어 있습니다. 이 은혜를 깨달을수록 우리는 주님을 더 닮아 가려고 애쓰게 될 것입니다. 하나님의 은혜만이 우리의 죄를 이깁니다.

5. 빌립보서 3장 21절과 고린도전서 15장 49절 말씀을 읽어 보세요. 우리는 결국 어떤 모습으로 변화하게 되나요? 또 요한일서 3장 3절 말씀을 읽어 보세요. 우리는 지금 어떻게 살아가야 하나요?

우리는 궁극적으로 예수 그리스도처럼 변화될 것입니다. 이런 미래의 소망을 가진 사람은 오늘을 살 때 성경 말씀대로 살려고 할 것입니다. 요한일서 3장 3절 말씀처럼 소망을 가진 하나님의 자녀는 매일의 삶 속에서 예수 그리스도를 닮아 가고자 할 것입니다.

현실 속에서 우리의 힘으로 예수님을 닮아 가는 것은 불가능합니다. 하나님의 말씀을 깨닫기 위해서 성령의 도우심이 필요하듯이, 예수님을 닮는 삶도 성령의 도우심 없이는 불가능합니다.

6. 출애굽기 34장 29-35절을 읽어 보세요. 이스라엘 백성은 왜 모세에게 가까이 나가는 것을 두려워했나요? 그래서 모세는 어떻게 했나요? 고린도후서 3장 13-15절을 읽어 보세요. 사람들이 성경 말씀을 읽을 때 왜 깨닫지 못하나요?

바울은 고린도후서 3장 13-15절에서 모세가 수건으로 얼굴을 가린 사건을 우리 시대의 모형으로 해석합니다.[4] 오늘날에도 하나님의 영광이 여전히 가리워져 있지만, 그 이유는 모세 시대와는 다르다는 것입니다. 하나님의 영광스러운 복음은 이미 예수 그리스도의 부활을 통해 온 세상에 드러났습니다. 하지만 사람들이 이것을 깨닫지 못하는 이유는 그들의 마음이 완고해져서 마치 수건으로 마음을 가린 것 같이 되었기 때문입니다.[5] 그래서 성경은 읽지만 깨닫지 못하는 것입니다.

7. 고린도후서 3장 16-17절 말씀을 읽어 보세요. 어떻게 하면 성경 말

씀을 깨달아 알게 될까요?

고린도후서 3장 16절에서는 우리가 그리스도께로 가면 우리 마음의 수건이 벗겨진다고 합니다. 우리는 그리스도께로 나아갈 때 성경 말씀을 깨달아 알게 됩니다. 여기서 중요한 사실은, 우리가 그리스도께 나아갈 때 우리를 자유케 하시는 분이 바로 성령이라는 것입니다(17절). 곧, 영광의 복음을 깨닫기 위해서는 성령의 도우심이 절대적으로 필요합니다.[6] 마음의 수건이 벗겨진 사람은 성령의 도우심을 받아 복음을 깨달은 자들입니다. 그들은 모세가 하나님의 영광을 본 것처럼, 주 예수 그리스도의 영광을 보는 자들입니다.

8. 고린도전서 13장 12절 말씀을 읽어 보세요. 우리는 오늘날 주님의 영광을 직접 볼 수 있나요? 고린도후서 3장 18절을 읽어 보세요. 우리가 예수님을 닮아 가는 여정에서 누가 우리를 도우십니까?

우리는 아직 주님의 영광을 직접 볼 수는 없습니다. 하지만 성령의 도우심과 하나님의 말씀인 성경을 통해, 하나님의 영광을 매일 바라볼 수 있습니다. 그래서 우리는 비록 부분적이긴 하지만, 성령의 도우심으로 예수님의 영광을 바라볼 수 있습니다.[7] 예수님의 영광을 볼 때, 그분의 성품을 바라게 되고, 그분을 닮고자 하는 소원이 생기며, 그분을 닮아 가는 일이 시작됩니다. 그렇게 우리는 예수님의 겸손함을 닮고자 훈련하고, 또한 원수까지 용서하신 주님을 닮아 가려고 우리 자신을 쳐서 복종시키는 자리로 나아가게 됩니다.[8]

성령님은 그리스도의 영입니다. 사람들에게 예수님의 영광을 계시하여 그들을 영적 소경 상태에서 해방시켜 주시는 분은 오직 성령님이십니다.[9] 성령의 도우심이 아니고는 그리스도를 주라 시인할 수 없는 것처럼, 성령의 도우심이 없이는 그리스도를 닮아 가는 것이 불가능합니다.[10] 우리의 죄성은 자기중심성을 지향하기 때문에 거룩한 변화는 오직 내주하시는 성령으로만 가능합니다.[11] 이 말은 우리의 노력이 필요 없다는 의미가 아닙니다. 말씀을 통해 은혜를 받고 그 영광을 바라보며 우리가 예수님을 닮아 가려는 연습과 노력이 필요합니다. 하지만, 이 모든 과정이 가능하도록 은혜를 부어 주시는 분은 오직 하나님이십니다.

— 예수 그리스도를 닮는 변화는 성령 안에서만 일어납니다.

9. 고린도후서 3장 18절을 다시 한 번 살펴보세요. 예수님을 닮아 간다

는 것을 한 단어로 표현하고 있는데 그것은 무엇입니까?

사도 바울은 고린도후서 3장 18절에서 예수님을 닮아 가는 것을 '변화'라는 단어로 표현합니다. 여기서 주목할 점은 이 동사를 현재 진행형으로 쓰고 있는데, 이것은 우리가 예수 그리스도의 영광을 보고 닮아 가는 그 변화는 단회적인 것이 아니라 계속 진행되는 것이고, 점점 더 깊어지고 온전해지는 변화임을 말합니다.[12] 여기서 우리는 양극단을 조심해야 합니다: ① 성화는 이 땅에서 완성되는 것이 아니라 완성을 향해 나아가는 여정(진행형)이기 때문에 현재의 삶 속에서 완벽주의에 빠지지 말아야 합니다. ② 우리는 변화가 늦거나 잘 안 변한다고 절망하지 말아야 합니다.[13] 우리의 변화 곧 성화는 점진적이고 지속적이기 때문입니다.[14] 우리가 할 일은 매일의 삶 속에서 성령님의 다스림을 받는 경건한 삶을 연습하는 것입니다. 우리가 성령님과 동행할 때 우리의 삶은 점점 더 그리스도를 닮아 가게 됩니다. 그리스도인의 승리는 '완벽함'이 아니라 하나님께로 걸어가는 '방향'입니다.

'예수닮기'는 예수로 충만해지는 것입니다.
'예수 충만'은
오직 성령 충만으로 오는 것입니다.[15]

'성화'는 주님의 자녀를 향한 하나님의 소원입니다. 그리고 우리 안에 계신 성령님은 우리가 예수님을 닮는 삶을 살 수 있도록 도우십니다. 우리가 꼭 기억해야 할 것이 있습니다. 예수를 닮는 삶은 나를 통해 일어나는 것이 아니라 내가 성령님의 일에 기꺼이 참여하는 과정을 통해 일어나는 것입니다.

당신은 자아가 충만한 사람입니까? 아니면 성령이 충만한 사람입니까? 당신은 예수님을 점점 더 닮아 가고 있습니까? 아니면 늘 똑같은 신앙 상태에 머물러 있습니까? 성령 충만을 받지 못하는 당신의 모습은 무엇입니까? 성경은 그런 모습이 있을 때 정직하게 주님 앞에 나아가는 것이 정상적인 신앙생활이라고 말합니다. 성령님과 함께 씨름하며 극복하려고 노력하는 삶이 우리들이 이 땅에서 살아야 할 성화의 삶입니다. 예수님을 닮는 삶을 살기 위해 성령님의 도우심을 구하지 않겠습니까?

주님, 매일의 삶 속에서 예수님을 닮아 가는 성령 충만한 삶을 살고 싶습니다. 저에게는 여전히 죄성이 있어서, 주님을 닮아 가기보다는 나 중심의 삶, 나의 자아가 충만한 삶을 살기가 쉽습니다. 주님, 오직 내 안에 거하시는 성령께서 나를 도우실 때, 내가 드러나는 삶이 아니라, 성령께서 드러나는 삶을 살게 될 줄 믿습니다. 분노와 절망과 우울함이 지배하는 삶이 아니라, 성령의 능력과 기쁨과 평강이 다스리는 삶을 살게 하옵소서. 주님, 내 삶의 영역 중에 특별히 성령의 다스리심을 받지 못하는 영역들이 있습니다. 이 시간 정직하게 주님 앞에 그것을 고백하며 나아갑니다. 성령으로 도와주옵소서. 싸워 이기게 하옵소서. 포기하지 않고 성령님과 동행하게 하옵소서. 주님, 이 시간 나를 새롭게 하옵소서!

◇◇◇◇◇

"하나님이 미리 아신 자들을 또한 그 아들의 형상을 본받게 하기 위하여 미리 정하셨으니 이는 그로 많은 형제 중에서 맏아들이 되게 하려 하심이니라"

롬 8:29

1장 '예수신앙' Through Christ 에서부터,
8장 '예수닮기' Like Christ 까지는
한 문장으로 정리할 수 있습니다.
신앙인의 길이란,
예수를 믿음으로
예수로 충만해지는 삶입니다.

주

제1장

1. John Stott. *Life in Christ: A Guide for Daily Living.* 2003. 12.
2. Stott. 22.

제2장

1. John Stott. *Life in Christ: A Guide for Daily Living.* 2003. 29(summary).
2. Stott. 35(summary and quotation).

제3장

1-2. John Stott. *Life in Christ: A Guide for Daily Living.* 2003. 40.
3. Stott. 45.
4-7. Stott. 52.

제4장

1. John Stott. *Life in Christ: A Guide for Daily Living.* 2003. 54.
2. Stott. 55.
3-4. Stott. 56.
4. 존 디커슨. 《나는 강하다》. 규장. 2016. 25-28.
5. Stott. 61.

제5장

1. John Stott. *Life in Christ: A Guide for Daily Living.* 2003. 69.
2-4. Stott. 70.
5. Stott. 71.
6. Stott. 73.
7. Stott. 76 참고.
8-11. Stott. 78.
12. Stott. 78-79.
13. 제임스 패커. 《거룩의 재발견》. 토기장이. 2009. 7.
14. Stott. 70.

제6장

1-2. John Stott. *Life in Christ: A Guide for Daily Living.* 2003. 88.
3. Stott. 82, 86, 89 참고.
4. Stott. 83-84(summary).
5-6. Stott. 84.
7. Stott. 85.
8. Stott. 87 참고.
9. 존 스토트. 《예수님이 이끄시는 삶》. 두란노. 2003(절판). 143.
10. Stott. 94-95.

제7장

1-3. John Stott. *Life in Christ: A Guide for Daily Living.* 2003. 100.
4. Stott. 102.
5. Stott. 102-103.
6. 릭 워렌. 《목적이 이끄는 삶》. 디모데. 2002. 24.

제8장

1. John Stott. *Life in Christ: A Guide for Daily Living.* 2003. 114.
2-3. Stott. 115.
4-5. Stott. 118.
6. Stott. 119.
7. Stott. 120 참고.
8. Stott. 121 참고.
9. Stott. 119.
10-14. Stott. 123.
15. Stott. 125.